KB075103

마음 근육을 키우는 하루 10분 인문 독서!

카페에서 만난 동양철학

Oriental philosophy encountered at a cafe

리소정 엮음

리소정 ■ 저술가. 문사철의 고전들을 현대적으로 재해석하며 자기 계발을 꾀하는 이야기 그룹 '금요일의 인문학'을 이끌고 있다. 엮은 책으로 《카페에서 만난 동양철학》《카페에서 만난 서양사상》《카페에서 만난 동양고사》《카페에서 만난 서양고사》《카페에서 만난 명심보감》《카페에서 만난 지혜의 말》 등이 있다.

마음 근육을 키우는 하루 10분 인문 독서!

카페에서 만난 동양철학

Oriental philosophy encountered at a cafe

c o n t e n t s

리더의
자질과 바탕

몸과 마음을 닦고 바로 세우는 첫걸음은 '효'에서 출발하며 여기에 투철한 '윤리' 의식이 더해질 때 비로소 개인과 사회, 나아가 국가를 아우를 수 있는 온전한 지도자의 '품성'이 완성된다. 품성이란 그 시대가 요구하는 리더의 정신적 자질, 즉 바탕을 의미한다.

효^孝

회사후소(繪事後素)라는 말이 있다. 공자가 제자인 자하와 더불어 시경의 한 편을 논하던 중에 한 말이다. 그림을 그리는 일은 바탕이 있고 난 뒤에야 가능하다는 뜻으로 〈논어〉 '팔일' 편에 나온다. 본래 '소(素)'란 바탕을 말하는 것이고, 그 바탕이란 아무것도 칠하지 않은 순수한 본래이다. 그림은 비단에 그리기도 한다. 그림을 그리기 전에 먼저 그 바탕이 되는 캔버스가 있어야 하고 그 캔버스는 흰색이어야 한다. 그러고 나서 비로소 그 바탕에 그림을 그리는 것이다. 세상의 모든 일이란 바탕이 있고 나서야 가능하다는 것을 비유한 대목이다. 이에 자하는 외형으로서의 예는 그 본질인 인(仁)한 마음이 있고 난 뒤에라야 비로소 가치가 있는 것임을 깨달았다.

마찬가지로 어버이는 모든 생명의 근본이니 몸과 마음을 닦고 바로 세우는 '수신'의 첫걸음은 '효'에서 출발하는 것이며 이것이 바로 지도자의 정신적 자질을 결정하는 요체 중의 요체인 것이다.

열 가지 은혜

부모의 크고 깊은 은혜를 보답하도록 가르친 불교 경전 〈부모은 중경(父母恩重經)〉은 다음의 열 가지로써 부모의 은혜를 구체적으로 적고 있다.

아기를 배어 보호해 주신 은혜

아기를 낳을 때 산고를 겪으신 은혜

자녀를 낳고 온갖 시름을 잊으시는 은혜

쓴 것은 삼키고 단 것은 뱉어서 자녀에게 먹이신 은혜

진자리, 마른자리 갈아 뉘신 은혜

젖을 먹여 길러 주신 은혜

옷을 세탁하여 입혀 주신 은혜

멀리 떠나 있을 때도 앓을세라 그릇될세라 염려하시는 은혜

자식을 위해 온갖 고생을 마다하지 않는 은혜

자라서도 끝까지 지켜보며 측은하게 여겨 주시는 은혜

효의 처음과 끝

신체발부 수지부모 불감훼상 효지시야
身體髮膚 受之父母 不敢毀傷 孝之始也
양명어후세 이현부모 효지종야
揚名於後世 以顯父母 孝之終也

신체발부는 부모로부터 받았다. 감히 훼상하지 않는 것이 효도의 시작이요. 이름을 후세에 날려서 부모를 드러나게 하는 것이 효도의 마지막이니라.

선현들은 신체발부는 부모에게서 받은 것이므로 이를 상하지 않게 하는 것이 효의 출발점이라 여겼다. 하지만 이 말조차 뒤집어 생각해 보면 무엇보다 자식의 건강을 염려하는 부모의 마음을 담고 있다.

〈예기〉에 전한다. 악정(樂正) 자춘(子春)이란 사람이 어느 날 댓돌에서 내려오다가 발을 잘못 디뎌 다리를 삐었다. 그래서 몇 달 동안 출입을 못 하고 집 안에 누워 있었다. 하루는 제자 중의 한 사람이 병문안을 갔다가 스승의 초췌한 안색을 보고 걱정이 되어 물었다.

"선생님의 상처는 다 나으셨을 텐데, 아직도 문밖엘 나오지 않으시고 안색도 좋지 않으시니 무슨 까닭입니까?"

"그 참 좋은 질문일세. 나는 전에 증자(曾子)에게서 그의 스승 공자의 말씀이라고 듣기를, 이 세상에는 사람보다 더 위대한 것이 없다네. 그런데 사람은 부모에게서 태어난 것이지. 몸뚱이와 살갗과 머리털 하나까지가 모두 부모에게 받은 것이라네. 부모에게서 받은 몸을 온전히 지켰다가 하늘에 도로 바치는 것이 효(孝)지. 군자는 잠시도 이 효를 잊어서는 안 된다네. 내가 다리를 다쳐 부모에게서 받은 사지육신을 성하게 간직하지 못했으니, 효도를 잊은 것이지. 그래서 내 마음이 괴로운 것일세."

사람은 부모가 주신 이 몸을 조금이라도 상해서는 안 된다. 걸을 때나 앉을 때나 남과 말을 주고받을 때나, 언제나 부모에게 효도해야 한다는 것을 잊어서는 안 된다.

남과 얘기할 때도 부모의 뜻을 잊지 않고 있으면 남에게 언짢은 말을 하지 않게 된다. 남에게 언짢은 말을 안 하면 그 사람이 성난 소리로 내게 대들 턱도 없다. 그렇게 되면 분한 일을 당하지도 않고 내 몸에 욕이 돌아올 까닭도 없을 테니, 그것이 곧 효도가 되는 것이다.

창자가 끊어지는 슬픔

슬픔이 더할 수 없는 극한에 이른 것을 '창자가 끊어진다'라고 한다. 〈세설신어(世說新語)〉에 다음과 같은 이야기가 전한다.

진나라 환온이 촉(蜀)으로 가는 도중 양자강 위에 있는 험난한 곳으로 이름난 삼협(三峽)이란 곳을 지나게 되었다. 배를 타고 한참을 가는데 부하 중에서 한 사람이 원숭이 새끼를 붙잡았다. 원숭이 새끼는 어미를 찾느라고 야단이고, 어미는 어쩔 줄 몰라 야단이다. 어미가 쫓아왔지만 물에 막혀 배에 오르지 못하고 홀로 언덕에 주저앉아 슬피 운다.

배가 물살을 가르자 어미 원숭이는 계속해서 따라왔다. 1백여 리쯤 갔을 때. 어미 원숭이가 마침내 배에 뛰어들었다. 그러고는 그 자리 쓰러져 죽고 말았다. 사람들이 어미 원숭이의 배를 갈라보았다. 그랬더니 창자가 모조리 토막토막 동강이 나 있었다. 너무 슬픈 나머지 울다가 지쳐 애가 타 창자가 끊어진 것이다. 이로부터 참을 수 없는 슬픔을 '단장(斷腸)', 혹은 '단장의 슬픔'이라고 했다. 자식에 대한 부모의 지극한 사랑을 보여주는 대목이다.

애틋한 모정을 이르는 말로 '의문지망(依門之望)' '의려지망(依閭之望)'이라는 성어도 있다. 자식이 외출하면 어머니는 문가에 기대어 그 자식이 돌아오기를 기다린다는 말이다.

여조출이만래 오칙의문이망

汝朝出而晚來 吾則依門而望

모출이부환 오칙의려지망

暮出而不還 吾則依閭之望

네가 아침에 나가서 늦게 오면 나는 곧 집 대문에 의지하여 네가 오는지 바라보고, 저물어서 나가 돌아오지 않으면 나는 동구 밖 문에 의지하여 네가 오는지 바라보고 서 있다.

제(齊)나라 때 왕손가의 어머니가 아들에게 한 말이다. 이에 〈예기〉의 '곡례 상' 편에서는 '출고반면(出告反面)'이라 하여 집을 나갈 때는 부모에게 거처를 알리고 돌아와서는 반드시 문안을 드리라고 강조하고 있다.

구름을 보고
달빛 아래 서성인다

'간운보월(看雲步月)'이라는 이 성어는 고향을 떠나와 타향에서 가족과 집을 그리워하는 모습을 한 폭의 수묵화처럼 그려내고 있다. 왕후장상도 결국 부모의 자식이며, 자식으로서 어버이를 그리는 마음은 범부와 다를 바가 없을 터, 구름을 매체로 어버이에 대한 그리움을 절절하게 담고 있는 또 다른 고사로 당나라 사람 적인걸(狄仁傑)의 얘기가 〈당서〉에 전한다.

측천무후 때의 재상 적인걸이 병주 법조 참군으로 있을 때 그의 부모는 멀리 하양(河陽) 땅에 떨어져 살았다. 적인걸은 시간을 내어 태행산에 자주 올랐고, 흰 구름이 외롭게 흘러가는—백운고비(白雲孤飛)— 먼 곳을 가리키며 탄식했다.

"구름이 흘러가는 저곳에 내 부모님이 계신데 멀리 바라만 보고 가서 뵙지를 못하니 아프기 그지없다."

백운고비는 달리 망운지정(望雲之情)이라고도 한다. 둘 다 고향의 부모를 그리는 자식의 정을 이른다.

'수구초심(首丘初心)' 또는 '호사수구(狐死首丘)'란 말도 있다. 죽을 때가 되면 여우는 머리를 자기가 살던 굴 쪽으로 둔다는 데서 나온 말로서 고향을 그리워하는 마음을 일컫는다. '예기'의 '단궁 상' 편에 전하는 원래의 이야기는 다음과 같다.

군자왈

君子曰

악 악기소자생 예 불망기본

樂 樂其所自生 禮 不忘其本

고인지유언왈

古人之有言曰

호사정구수 인야

狐死正丘首 仁也

강태공이 제나라 영구(營丘)에 봉해져 계속해서 다섯 대에 이르기까지 살았으나 주(周)나라에 와서 장례를 치렀다. 군자가 말하기를 "음악은 자연적으로 발생하는 바를 즐기고 예는 근본을 잊지 않아야 한다." 옛사람이 말하기를 "여우가 죽을 때 언덕에 머리를 바르게 하는 것은 인(仁)이다."라고 하였다.

여기서 '언덕'이 상징하고 있는 '예'와 '인'을 자신을 존재케 한 '근본'인 부모님, 또는 어버이를 그리는 마음에 대입해도 크게 다를 것이 없다.

칠순에 색동옷 입고 춤추다

춘추시대 초(楚)나라의 노래자(老萊子)는 효자로 유명하다. 노래자는 어려서부터 부모를 섬기는 정성이 지극하여 그 효성을 따를 자가 없었고, 나이가 들수록 더욱 효성이 깊어졌다. 부모님께 드리는 음식은 늘 맛있고 부드러운 것으로 하였고, 부모님이 입으실 옷은 언제나 가볍고 따뜻한 것으로 준비했으며, 아무리 마음 상하는 일이 있어도 부모님 앞에서는 얼굴빛을 온화하게 하여 편안한 마음을 가지시도록 했다.

노래자의 나이 70이 되었을 때도 부모님은 건강하였는데, 노래자는 자신의 늙은 모습을 보이지 않으려고 일부러 오색 색동옷_綵衣_을 지어 입었다. 부모님이 자신을 언제나 어린애로 생각하게 하기 위함이었다. 그뿐만 아니라 언제나 어린애처럼 재롱을 피우며 노래도 하고 춤도 추었다.

어느 날 그 노래자가 부모님의 진짓상을 올리다가 그만 발을 헛디뎌 땅에 넘어지고 말았다. 그러자 노래자는 어린애처럼 '응애, 응애!' 하고 소리 내어 울었다. 자신이 늙고 기력이 없어서 땅에 넘어진 것을 부모님이 눈치채지 못하게 하기 위함이었다.

노래자는 춘추시대 초나라의 학자로 공자와 같은 시대를 살았다. 난세를 피해 몽산(蒙山) 기슭에서 농사를 지으며 살았는데 그가 거처하는 곳마다 추종하는 이들이 모여들어 새로 마을이 생겨 났다고 한다. 그는 중국 원(元)나라 곽거경(郭居敬)이 선정한 '24 효' 중의 한 명으로 꼽히기도 한다. '24효'는 우순(虞舜)·한문제 (漢文帝)·증삼(曾參)·민손(閔損)·중유·동영(董永)·염자(剡子)·강 혁(江革)·육적(陸績)·당부인(唐夫人)·오맹(吳猛)·왕상(王祥)·곽 거(郭巨)·양향(楊香)·주수창(朱壽昌)·유검루(庾黔婁)·노래자(老 萊子)·채순(蔡順)·황향(黃香)·강시(姜詩)·왕포(王褒)·정난(丁蘭)· 맹종(孟宗)·황정견(黃庭堅) 등 중국의 유명한 효자를 이른다.

중국 효자 얘기 하나 더. 삼국시대 때 오나라에 맹종(孟宗)이 란 사람이 있었다. 편모슬하에서 자랐는데 무척 효자였다. 어머니 가 나이가 많아 병으로 누웠는데 돌아가실 때가 다 되었다. 맹종 은 너무도 안타까웠다. 병석의 어머니는 도통 음식을 들지 못했 다. 그러다가 한 번은 대순이 먹고 싶다고 했다. 때는 겨울이었다. 죽순이 있을 리가 없다. 그러나 맹종은 대순을 구하러 나갔다. 대 밭에 가서 대순이 돋아나도록 해달라고 하늘에 빌었다. 그러고 나 니 이상하게도 눈을 뚫고 새파란 죽순 하나가 돋아나오는 게 아닌 가. 대순을 얻은 맹종이 어머니께 드리게 되었다. 눈 속에서 대순 을 찾는 것은 거의 불가능한 일이나 지극한 정성은 그것을 가능하 게 하였던 것이다.

우리나라에서 효성이 지극했던 인물로는 신라 흥덕왕 때 손순 (孫順)의 이야기가 대표적이다. 손순은 아버지가 세상을 떠나자 아내와 함께 남의 집에서 품을 팔아 곡식을 얻어 늙은 어머니를 봉양했다. 그 손순에게 어린 아들이 하나 있었는데 아들이 늙은 어머니의 음식을 빼앗아 먹으니 매우 곤혹스러웠다. 손순이 하루는 아내에게 말했다.

"아들은 다시 얻을 수 있지만 어머니는 다시 구할 수 없소. 아들이 어머니의 음식을 뺏어 먹어 어머니께서 배고파하시니 아이를 땅에 묻어야겠소."

아들을 묻으려고 땅을 파니 돌로 만든 종(鐘)이 나왔다. 손순과 아내가 그 종을 두드리니 소리가 매우 좋았다. 아내가 손순에게 말했다.

"이 이상한 종은 우리 아들의 복인 것 같으니, 아이를 땅에 묻어서는 안 될 것 같아요."

손순도 그렇게 생각되어 아이를 다시 업고 집으로 돌아왔다. 집에 돌아와 다시 그 종을 치니 종소리가 대궐에까지 다다랐다. 흥덕왕(興德王)이 그 소리를 듣고 명을 내렸다.

"서쪽에서 오묘한 종소리가 울리니 어찌 된 까닭인지 알아보라."

왕의 명령을 받은 신하가 손순의 집에 찾아가 알아보고 왕에게 사실대로 아뢰었다. 왕이 말했다.

"옛적에 곽거(郭巨)가 아들을 묻을 때 하늘이 금으로 만든 솥을 주시더니 이제 손순이 아들을 묻음에 땅에서 석종이 나왔으니 앞과 뒤가 서로 맞는다."

흥덕왕은 손순에게 집 한 채와 벼 50석을 내리고 칭찬하였다. 곽거(郭巨)는 후한 때의 효자로 중국 이십사효(二十四孝)의 한 사람이다. 어머니 봉양을 위해 자식을 묻으려고 하자 하늘에서 금으로 만든 솥을 내려주었다고 전한다. 〈삼국유사〉에 나오는 이야기다.

한편, 효성이 지극했던 신라 때의 인물 상덕은 흉년과 열병이 유행할 때 아버지와 어머니가 굶주려 죽게 되자 낮이나 밤이나 옷을 풀지 않고 정성을 다하여 안심하도록 위로해 드렸다. 봉양할 것이 없을 때는 자기의 허벅지 살을 베어 드렸고, 어머니께서 종기가 나자 입으로 빨아서 곧 낫게 해 드렸다. 임금이 그 말을 들으시고 어여삐 여겨 재물을 후하게 내리고, 그 집에 정문을 세울 것을 명하는 한편 비석을 세워 그의 효행을 기록하게 하였다.

맹종의 고사를 떠올리게 되는 또 한 명의 효자는 도 씨다. 도 씨는 집이 가난했으나 효성이 지극하였다. 숯을 팔아 고기를 사서 어머니 반찬에 부족함이 없이 하였다.

하루는 장에서 늦게 바삐 돌아오는데 솔개가 어머니께 올리려던 고기를 채갔다. 도 씨가 슬피 울며 집으로 돌아왔다. 그런데 솔개가 벌써 고기를 집안 뜰에 던져 놓았다.

하루는 병이 난 어머니가 때아닌 홍시(紅柿)를 찾았다. 감나무 숲으로 간 도 씨는 이곳저곳 헤매느라 날이 저문 것도 몰랐다. 그런데 갑자기 호랑이가 앞길을 가로막으며 타라고 하는 시늉을 하였다.

도 씨가 호랑이를 타고 백 리나 되는 산동네에 이르러 사람 사는 집을 찾아들었다. 그런데 얼마 안 되어 주인이 제삿밥을 차려 주는데 밥상에 홍시가 있었다. 도 씨는 너무나 기뻐 홍시의 내력을 묻는 한편 자신이 이곳까지 온 이유를 털어놓았다.

주인이 대답했다.

"돌아가신 아버지가 생전에 감을 즐겨 드셨기 때문에 가을이면 감 이백 개를 가려서 모두 굴 안에 감추어 두었는데 제사를 지내는 5월이 되면 상하지 않은 것은 고작 7, 8개에 지나지 않았습니다. 그런데 금년에는 상하지 않은 것이 쉰 개나 되어 마음속으로 이상스럽게 생각했습니다. 하늘이 곧 그대의 효성에 감동한 것 같습니다."

그러면서 주인은 홍시 스무 개를 내어 주었다.

도 씨가 감사의 말은 전하고 밖으로 나오니 호랑이가 아직 누워 기다리고 있었고, 호랑이를 타고 집에 돌아오니 새벽닭이 울었다. 훗날 어머니는 천수를 다하고 돌아가셨고, 도 씨는 피눈물을 흘렸다.

새 중의 증삼 曾參

효행을 뜻하는 대표적인 사자성어인 '반포보은(反哺報恩)'은 '도리어 먹여줌으로써 은혜를 갚는다'라는 말로, 자식이 늙은 부모님을 모시고 살면서 자기를 양육해 주신 은혜를 갚는다는 뜻이다.

까마귀라 하면 우리는 흔히들 재수 없고 불길한 새, 시체나 뜯어먹는 더러운 새쯤으로 생각하고 눈에 띄기가 무섭게 돌부터 집어 들지만, 옛날 우리 조상들은 가장 효성이 지극한 새로 높이 평가했다.

다른 새들은 다 자라서 성조(成鳥)가 되면 어미 새의 곁을 떠나지만, 까마귀만은 늙은 어미 곁에 머물면서 먹이를 물어다 먹여 살렸기 때문에 까마귀를 '반포지조(反哺之鳥)' 혹은 사랑이 넘치는 새란 뜻의 '자조(慈鳥)'라고 불렀다.

이러한 까마귀의 습성은 역사서나 문학에도 많이 기록되어 있다. 몇 가지를 살펴보면, 우선 〈당서〉에 '개원(開元) 25년에 농주 지역에서 까마귀가 먹이를 어미에게 먹여주었다'라는 기록이 전해진다.

또, 양무제(梁武帝)의 '효사부(孝思賦)'라는 문장을 보면, '자조반포이보은(慈鳥反哺以報親; 까마귀가 제 어미를 먹여 살리므로 부모의 은혜를 갚는다.)'는 대목이 나오고, 백거이의 시에도 나와 있기를, '자조조중지증삼(慈鳥鳥中之曾參; 까마귀는 새 중의 증삼이다)'이라는 시구가 있다. 증삼(曾參)은 공자의 제자 중에서 효자로 이름이 높은 인물이다. 따라서 '새 중의 증삼'이라는 말은 그만큼 효성이 지극한 새라는 비유다.

부드러운 낯빛

효경(孝經); 공자(孔子)와 증자(曾子)가 효도에 관하여 문답한 것을 기록한 책으로 13경(十三經) 중의 하나이다. 저자에 대해서는 공자가 지었다는 설, 증자가 지었다는 설, 증자의 제자들이 집록(輯錄)했다는 설 등 여러 가지가 있어 확실하지는 않으나 증자 문인들의 저술로 보는 견해가 가장 유력하다. 대개 진(秦)의 분서갱유 때 안지(顏芝)가 보관하고 있던 것을 한(漢)대에 그의 아들 정(貞)이 펴낸 〈금문효경(今文孝經)〉과 공자의 옛집을 헐 때 발견된 〈고문효경(古文孝經)〉의 2가지가 있는데, 〈고문효경〉에 규문장(閨門章)이 포함된 것을 제외하면 내용에 큰 차이가 없다. 이 책에서는 부모에 대한 효도를 바탕으로 집안의 질서를 세우는 일이 치국(治國)의 근본이며, 효도야말로 천·지·인(天地人) 삼재(三才)를 관철하고 모든 신분 계층에 동일하게 적용되는 최고 덕목, 윤리 규범인 것을 강조하고 있다. 중국·한국·일본 봉건사회에서 '효'가 통치 사상과 윤리관의 중심으로 자리 잡게 되는 데 큰 역할을 했다. 우리나라에서는 삼국시대부터 필수교과목으로 중시했으며, 특히 조선시대에 들어와서는 여러 차례 간행하여 보급했다. 주석서로는 한대의 정현(鄭玄)·공안국(孔安國)이 각각 〈금문효경〉·〈고문효경〉에 주를 붙인 것이 있고, 이 밖에도 당나라 현종(玄宗)

때의 〈어주효경(御注孝經)〉, 송나라 진종(眞宗) 때의 〈효경정의(孝經正義)〉, 주희(朱熹)의 〈효경간오(孝經刊誤)〉 등이 널리 알려져 있다.

― 다음백과

효의 구체적인 실천 방법을 제시하고 유교 철학의 요체로 확고히 정착시킨 인물은 공자다. 공자의 효 사상은 맹자 시대에 와서는 부모에 대한 의무를 더욱 강조하였고, 한대(漢代)에 간행된 〈효경(孝經)〉에서 도덕의 근원, 우주의 원리로서 명문화되기에 이르렀다.

효가 중요한 도덕적 규범으로 정착되자 이에 대한 행동 규범도 속속 정해지게 되었는데, 먼저 부모를 대하는 얼굴 가짐을 중시했다. 늘 부드러운 얼굴빛으로 부모를 편안하게 해드려야 한다는 것이다.

말로는 간단해 보이지만 그게 쉽지 않다. 〈논어〉 '위정' 편에 다음과 같은 구절이 있다.

자하문효 자왈 색난 유사 제자복기로
子夏問孝 子曰 色難 有事 弟子服其勞
유주사 선생찬 증시이위효호
有酒食 先生饌 曾是以爲孝乎

자하가 효에 관해 묻자 공자가 말했다. "부모의 얼굴빛을 살피기는 어려운 일이다. 무슨 일이 생기면 자식이 그 수고를 대신하고, 술과 밥이 있으면 어른께서 먼저 드시게 하는 것만으로 효라고 할 수 있겠는가?"

얼굴은 마음의 창이라는 말이 있다. 심기가 드러나는 곳이 바로 얼굴이다. 마음이 불편할 때 손과 발과 몸을 이리저리 움직이기도 하고, 초조할 때 손과 발을 떨기도 하는데, 다른 무엇보다도 얼굴을 보면 그 사람의 심기를 읽을 수 있다. 하지만 전제조건이 있다. 상대방에게 마음을 읽힐 경우는 그 상대방을 별로 의식하지 않는다는 자의식이 내포되어 있다. 부모나 자식이나 친구나 가까운 사람들 앞에서 사람들은 의외로 언짢은 감정을 드러내지 않는다. 상대가 마음 아파할지 봐서다. 특히 부모의 경우는 더하다. 속상한 일이 있더라도 자식 앞에서는 아닌 척하고, 이런저런 사정으로 끼니를 굶었다고 하더라도 자식 앞에서는 배가 부른 척하고, 아파도 안 아픈 척하고, 자식의 말 한마디가 가슴을 후벼 파도 아무렇지도 않은 척하고, 무슨 일이든 자식 앞에서는 어물쩍 웃어넘기기가 일쑤다. 그러니 어찌 부모의 안색을 살펴 그 마음에 맞도록 봉양할 수 있단 말인가. 해서 하는 말이 '색난(色難)'인 것이다. 얼굴색을 살펴 바로하기 어렵다는 것을 공자조차 인정한 것이다.

부모 대신 수고로운 일을 하고, 맛있는 음식을 먼저 드시게 한다고 해서 효도하는 것은 절대 아니다. 마음을 편안하게 해드려야 한다. 심기를 거슬리지 말아야 한다. 육체적인 것, 물질적인 것은 아무 쓸모도 없다.

자식 앞에서 잘 드러내지 않는 얼굴빛, 쉽사리 변하지 않는 안색을 늘 살펴서 얼굴에 늘 편안한 미소와 흐뭇함이 깃들게 하는 것이야말로 진정한 효라 할 수 있다.

선현들 또한 평소 일상에서 부모를 잘 모시는 것을 가장 중요한 덕목으로 꼽았거니와, 저녁에는 잠자리가 어떤지 직접 손을 넣어 확인해 보고 아침에는 간밤에 잘 주무셨는지 여쭌 다음 부모의 안색을 주의 깊게 살폈으니, 이것이 바로 '혼정신성(昏定晨省)'으로, 부모를 모시는 기본 도리였다.

혼정신성(昏定晨省)이라는 말은 〈예기(禮記)〉의 '곡례(曲禮)' 편에 나오는 말인데, '겨울에는 따뜻하게, 여름에는 시원하게, 밤에는 이부자리를 펴고, 아침에는 문안을 드린다'라는 '온청정성(溫淸定省)'이란 말과 뜻이 통한다. 또 부모를 섬김에 겨울에는 따뜻하게 여름에는 서늘하게 한다는 '동온하청(冬溫夏淸)'이라는 말과도 상통한다.

이렇듯 부모에 대한 공경을 바탕으로 봉양하고 보살피는 행위가 곧 효, 또는 효행이다. 효는 동서고금에 걸쳐 인간의 도리 중에 으뜸이 되는 덕목으로 중시되었다. 즉 '효는 백행지본(百行之本)'이라 하여 부모를 봉양하고, 공경하며, 복종하고, 조상에게 제사를 드리는 것이 가장 중요한 사회 규범으로 굳어졌다.

하늘처럼 끝 없는

시왈

詩曰

부혜생아 모혜국아

父兮生我 母兮鞠我

애애부모 생아구로

哀哀父母 生我劬勞

욕보심은 호천망극

欲報深恩 昊天罔極

시경에 전한다.

아버지 날 낳으시고 어머니 날 기르셨네.

애달프다 어버이시여, 나를 낳아 기르시느라 애쓰셨네.

그 은혜를 갚고자 하나 하늘과 같이 끝이 없네.

'어버이 은혜는 하늘 같아서~' 하는 노래가 있다. 그 가사는 아마도 〈시경〉의 이 대목에서 힌트를 얻은 것이 아닌가 싶다. 그렇다면 '호천망극(昊天罔極)'한 어버이의 은혜에 보답하는 방법에는 어떤 것이 있을까? 막막하지만 의외로 간단하다.

공자가 말했다.

"어버이를 섬길 때는 기거에는 공경함을 다하고, 받들어 섬김에는 즐거움을 다하고, 병드신 때에는 근심을 다하고, 돌아가신 때에는 슬픔을 다하고, 제사 지낼 때는 엄숙함을 다하라. 부모가 살아계실 때는 멀리 여행하지 말고, 부득이 집을 떠날 때는 반드시 가는 곳을 알려라. 아버지께서 부르시면 속히 공손히 대답하고, 입에 음식을 물고 있다면 즉시 뱉어내고 대답하라."

여기에 강태공이 나서서 한마디 경계를 더한다.

"내가 어버이께 효도해야 자식이 또한 나에게 효도한다. 내가 이미 부모에게 불효했으니 어찌 내 자식이 내게 효도하리오… 효순(孝順; 착하고 효성스러운)한 사람은 효순한 자식을 낳고, 오역(忤逆; 어긋나고 거스르는)한 사람은 오역한 자식을 낳는다. 믿지 못하겠거든 저 처마 끝의 낙수를 보라. 방울방울 낙숫물이 한 치 어긋남 없이 같은 곳에 떨어진다."

나무는 고요해지려 하나 바람이 그치지 않네

부모님이 돌아가셔서 효도할 수 없음을 한탄하는 말로 '풍수지탄 (風樹之嘆)'이라는 것이 있다. 〈한시외전(韓詩外傳)〉에서 유래하는데, 〈오륜행실도(五倫行實圖)〉의 '효자' 편에 다음과 같은 이야기가 전한다.

하루는 공자가 길을 가고 있는데 어디선가 몹시 슬피 우는 울음소리가 들렸다. 공자가 그 울음소리가 나는 곳을 따라가 보니 웬 젊은이 하나가 울고 있는데 자신의 이름을 고어(皐魚)라고 했다. 그는 베옷을 입고 한 손에는 칼을 든 채 길가에서 울고 있는 것이었다.

공자가 수레에서 내려 울고 있는 까닭을 물으니,

"저는 어려서부터 학문을 좋아하여 천하를 두루 돌아다녔습니다. 그런데 집에 돌아와 보니 부모님께서 모두 돌아가시지 않았겠습니까. 나무가 조용히 서 있고 싶어도 바람이 가만히 내버려 두지 않고, 자식이 부모를 봉양하고 싶어도 그 부모는 기다려 주시지 않습니다. 흘러가기만 하고 돌아오지 않는 것은 세월이고, 돌아가심에 쫓아갈 수 없는 것이 부모님입니다. 나는 이제 이 세상을 하직하여 부모님을 섬기지 못한 죄를 조금이라도 씻어보려고 합니다."

하고는 마침내 칼로 자기 목을 찔러 자결하고 말았다.

고어의 죽음을 본 공자의 제자 중에서 집으로 돌아가 부모를 공양하려는 자가 열세 명이나 되었다.

〈한시외전〉에 전하는 시의 원문은 다음과 같다.

수욕정이풍부지 자욕양이친부대

樹欲靜而風不止 子欲養而親不待

왕이불가추자년야 거이불견자친야

往而不可追者年也 去而不見者親也

나무는 고요하여지려 하나 바람이 그치지 않고
자식은 봉양하고자 하나 어버이는 기다리지 않네.
흘러가면 쫓을 수 없는 것이 세월이요
가시면 다시 볼 수 없는 것은 어버이라네.

키워드
key word

효^孝

신체발부수지부모(身體髮膚受之父母)

부모은중경(父母恩重經)

단장(斷腸)

의문지망(依門之望) ∥ 의려지망(倚閭之望)

출고반면(出告反面)

간운보월(看雲步月)

백운고비(白雲孤飛) ∥ 망운지정(望雲之情)

수구초심(首邱初心) ∥ 호사수구(狐死首丘)

반의지희(斑衣之戱) ∥ 노래자유희(老萊子遊戱)

맹종설순(孟宗設筍)

손순매아(孫順埋兒)

반포보은(反哺報恩) ∥ 반포지효(反哺之孝)

색난(色難)

혼정신성(昏定晨省) ∥ 온청정성(溫淸定省) ∥ 동온하청(冬溫夏淸)

호천망극(昊天罔極)

풍수지탄(風樹之嘆)

제2장

윤리倫理

삼강오륜(三綱五倫)은 유교의 도덕 사상에서 기본이 되는 세 가지 강령과 다섯 가지 행실을 말한다. 삼강(三綱)—군위신강(君爲臣綱) 부위부강(夫爲婦綱) 부위자강(父爲子綱)—은 임금과 신하, 부모와 자식, 남편과 아내가 지켜야 할 떳떳한 도리를 말하며, 오륜(五倫)—군신유의(君臣有義) 부자유친(父子有親) 부부유별(夫婦有別) 장유유서(長幼有序) 붕우유신(朋友有信)—은 사회 시스템을 지탱하는 다섯 가지 기본 윤리를 말한다. 한(漢) 무제(武帝; BC 140~87) 때의 대학자 동중서(董仲舒)가 공자와 맹자의 철학에 바탕을 두고 삼강오상(三綱五常)을 논한 데서 유래되었으며 당대 정치권력의 이해와 부합하면서 확산하고 정립이 되었다.

삼강오상은 군위신강 부위자강 부위부강의 '삼강'과, 인(仁) 의(義) 예(禮) 지(智) 신(信) 또는 오륜의 '오상'을 말한다. 동중서는 유교의 고전〈춘추〉를 해석한〈춘추번로(春秋繁露)〉에서 이러한 개념을 논하는 한편 음양오행설을 더하여 이른바 '강상이론(綱常理論)'을 확립했다. 그에 따르면 우주의 기본적인 두 기운인 양(陽; 밝음·적극성·남성)과 음(陰; 어두움·소극성·여성)은 서로 조화를 이루어야 한다. 즉, 군주는 양이 되고 신하는 음이 되며, 아버지는 양이 되고 자식은 음이 되며, 남편은 양이 되고 부인은 음이 된다. 이러한 바탕 위에서 군주는 음양의 조화를 꾀해 백성을 돌보고 가르쳐 세상의 질서를 바로 세워야 한다. 그 방편으로 제도와 문물을 개혁할 수는 있지만 근본적 도덕 원리를 회피하거나 파괴해서는 안 된다. 이 같은 그의 사상은 군주의 통치 기반을 굳건하게 하는 원리로 받아들여졌고, 사회를 유지하는 기본 가치로 확산함에 따라 이에 어긋난 행위를 하는 사람은 '강상죄인(綱常罪人)'이라 하여 지위 고하를 막론하고 출사를 제한할 뿐만 아니라 역신으로 단죄하였다. 오늘날 지도자에게 투철한 윤리 의식을 요구하는 뿌리가 바로 여기에 있다. 강상의 도를 외면하는 지도자 아래 어찌 어진 신하와 백성이 모이겠는가.

생선과 곰 발바닥

군자거인 오호성명

君子去仁 惡乎成名

군자무종식지간 위인

君子無終食之間 違仁

조차 필어시

造次 必於是

전패 필어시

顚沛 必於是

군자가 인을 멀리하면 어디에서 명성을 높일 수 있겠는가? 군자는 식사를 끝내는 동안이라도 인을 어기지 말아야 하는 법이니, 아차 하는 순간에도 인을 지켜야 하며, 위급 존망의 때라도 인을 지켜야 한다.

〈논어〉 '이인' 편에 나오는 말이다. 유교의 중심사상이 바로 여기서 말하는 '인(仁)'이다. 인은 공자가 가장 중시했던 덕목이기도 하다. 그렇다면 인이란 무엇일까? 한 마디로 규정하기는 매우 어렵다. 사전적 의미로만 본다면 마음이 너그럽고 착하며 슬기롭고 덕행이 높다는 뜻이다. 〈논어〉에 주를 단 송나라 학자 주자(朱子)는 "인인은 곧 덕을 완성한 사람이다(인인 즉성덕지인야; 仁人 則 成德之人也)."라고 하여 '덕' 쪽에 무게를 두었다. 하지만 정작 공자 본인은 인을 '충(忠)'과 '서(恕)'라고 풀이했다. 이것은 타인에 대한 자비, 인간에 대한 사랑, 측은지심 같은 것으로 풀이할 수 있다.

자왈 지사인인 무구생이해인 유살신이성인
子曰 志士仁人 無求生而害仁 有殺身而成仁

공자가 말했다. "지사와 어진 사람은 생(生)을 구하려고 인(仁)을 해치지 않고, 자기 몸을 죽여서 인(仁)을 완성한다."

〈논어〉 '위령공' 편의 유명한 대목이다. 그런데 여기서 '지사(志 士)'란 어떤 사람인가를 주의 깊게 살펴볼 필요가 있다. 〈맹자〉에는 공자의 말이라 하여 '지사'와 '용사'를 대립시켜 말한 곳이 있다. 그래서 뒷사람들은 이 지사를 의(義)를 지키는 의사의 뜻으로 풀이했다. 우리가 말하는 안중근 의사니, 윤봉길 의사니 하는 것도 실상 그분들이 나라와 겨레를 위해 몸을 희생시킨 것이 공자가 말한 '살신성인(殺身成仁)'에 해당하기 때문에 붙여진 이름이다. 때로는 단순히 '뜻을 가진 사람'을 지사라고도 부르기 때문에 지사라는 이름 대신 살신성인의 의사라는 이름을 붙인 것이다.

또 지사(志士)를 지사(知士)로 풀이한 사람도 있다. 도의를 지키는 사람이든 지혜로운 사람이든 그것은 그리 문제 될 것이 없다.

어떻든 그가 가지고 있는 신념을 살리기 위해서도 하나밖에 없는 생명도 달게 버릴 수 있다는 것을 강조한 말이다. 그러나 그것은 어디까지나 양자택일을 할 경우의 이야기이다. 덮어놓고 목숨을 바치는 것을 '살신성인'이라고 오인한다면 그것은 고작 만용밖에 될 수 없다. 송대 학자 정자(程子)의 다음 해설을 보면 고개가 끄덕여진다.

실제의 이치(理致)를 얻는 것은 마음에 스스로 분별해야 한다. 실제의 이치는 실제로 보아서 옳은 것을 찾아내는 것과 실제로 보아서 그릇된 것을 찾아내는 것이다. 옛날 사람 중에 자기 몸을 버리고 목숨을 바치는 자가 있었다. 만약 그들이 실제로 보고 몸으로 직접 체득하지 않았다면 어찌 이같이 몸을 버릴 수 있었겠는가. 실제로 보아서 체득한다면, 사는 것이 의(義)보다 더 중요하지 않고, 사는 것이 죽는 것보다 더 편안하지 않은 것이다. 그러므로 자기 몸을 죽여서 인(仁)을 이루는 사람이 있는 것이다. 이들은 하나의 올바른 것만을 성취할 뿐이다.

맹자 역시 비슷한 말을 했다.

"생선도 내가 원하는 것이고 곰 발바닥도 원하는 것이지만 둘을 함께 취할 수 없다면 생선보다는 곰 발바닥을 취할 것이다. 마찬가지로 생(生)도 원하는 것이고 의(義)도 원하는 것인데 둘 다 취할 수 없다면 생을 버리고 의를 취해야 하지 않을까."

이른바 '사생취의(捨生取義)'다. 인과 의는 같은 덕목으로서 공맹 모두 목숨보다도 더 중시했음을 알 수 있다. 사족을 달자면, 맹자는 실제로 생선보다 곰 발바닥을 좋아했다고 한다.

의기義氣와 화기和氣

절의오청운 문장고백설

節義傲靑雲 文章高白雪

약불이덕성도용지 종위혈기지사기능지말

若不以德性陶鎔之 終爲血氣之私技能之末

절의는 청운의 자리라도 내려다보며, 문장은 백설보다 높을지라도,
만약 그것이 덕성으로써 수양된 것이 아니라면, 객기의 사행(私行)
과 기능의 말기(末技)가 되고 말 것이다.

〈채근담〉에 있는 말이다. 절개와 의리, 학문 등이 아무리 뛰어나도
올바른 덕성을 갖추지 못하면 그저 자그마한 성취나 잔재주에 불
과하다는 얘기다.

　〈채근담〉은 명나라 사람 홍자성이 써서 남긴 수상집으로 인생
수양서로 이름이 높다. 그는 간결한 문장에 깊은 사색을 담아 현
실 세계를 사는 지혜와 탈속한 삶의 여유를 동시에 그려낸다. 의
리나 절개에 관한 생각도 마찬가지다. 공자나 맹자가 준엄하다면
홍자성은 다소 유연하다.

　"절개와 의리를 표방하는 사람은 절개와 의리 때문에 헐뜯음을

당하고, 도덕과 학문을 표방하는 사람은 도덕과 학문 때문에 원망을 불러들인다. 그러므로 군자는 악한 일에도 가까이 가지 않고 좋은 이름에도 가까이 서지 않는다. 오직 혼연한 화기(和氣)만이 곧 몸을 보전하는 보배다."

무언가 강력히 주장하다가 그 주장에 의해 자신이 궁지에 몰리는 경우 더 비난받는다. 도덕이나 학문적 성취도 마찬가지다. 자신의 도덕성이나 학문적 업적을 무기로 내세우다 보면 잘못을 저질렀을 때 그로 인해 더 큰 도덕적 상처와 불신을 당하게 된다. 그러니 군자는 나쁜 일도 하지 말아야 하거니와 선행이나 업적을 내세우는 일도 하지 말아야 하며, 오로지 마음의 평안을 지키는 것이 중요하다는 얘기다.

일견 비겁해 보이는 발언이다. 누군가는 현실 타협적이라고도 할 수 있다. 하지만 다음 얘기를 음미해 보면 그가 무슨 말을 하고 싶어 하는지 알 수 있을 것이다.

"절의가 있는 사람은 온화한 마음을 길러야 비로소 분쟁의 길을 걷지 않을 것이요, 공명심이 강한 사람은 겸양의 덕을 체득해야 비로소 질투의 문을 열지 않을 것이다."

온화한 마음과 겸손한 태도다.

성인成人과 성인聖人

왈 금지성인자 하필연 견리사의 견위수명
日 今之成人者 何必然 見利思義 見危授命
구요 불망평생지언 역가이위성인의
久要 不忘平生之言 亦可以爲成人矣

자로가 성인(成人)에 관해 묻자, 공자가 말했다. "요즘의 성인은 어찌 그럴 필요까지 있겠는가. 이익을 눈앞에 두고 의를 생각하며, 위급한 일을 보면 목숨을 바치며, 오랜 약속을 평생의 맹세로 잊지 않으면 또한 가히 성인이라 할 수 있다."

〈논어〉에 나오는 말이다. 여기서 '성인(成人)'은 온전한 사람을 말한다. 밝은 의리와 과단성 있는 행동, 그리고 두터운 믿음은 천하에 다 통하는 덕이다. 이익을 눈앞에 두고 덥석 취하지 않고 위급한 상황에서 몸을 사리지 않으며 한번 내뱉은 말은 반드시 지키기란 쉬운 일이 아니다. 하물며 '성인(聖人)'의 길은 얼마나 멀고 험하겠는가.

춘추시대 위(衛)나라의 주우가 환공을 죽이고 그의 뒤를 이어 즉위한 후 민심을 수습하려고 송(宋), 진(陳), 채(蔡) 세 나라와 힘을 합쳐 정(鄭)나라를 공격했다. 그러나 비록 싸움에는 이겼으나 그가 의도했던 민심을 얻는 데는 실패하고 말았다. 그래서 정통성을 인정받으려고 주 왕실과 가까운 진나라를 찾아 진왕을 통해서 주 왕실에 부탁하려 하였다. 이때 주우의 측근 중 석후(石厚)라는 자가 있었는데, 그가 자기의 아버지 석작을 찾아가 그 방법을 의논하자 석작은 이렇게 말했다.

"주 왕실을 찾아보는 게 좋을 것이다. 그러기 위해서는 왕실과 사이가 좋은 진나라에 중개를 부탁할 수밖에 없다."

그리고서 미리 진나라에 사자를 보내 자신의 속뜻을 전했다.

"이 두 사람(주우와 석후)은 환공을 시해한 반역자이니 적절히 조치하여 주시기를 바랍니다."

진나라에서는 이들이 도착하자마자 처형해 버렸다. 이를 본 사람들이 칭송하였다.

"석작은 대의(大義)를 다하기 위해 육친의 정도 버렸다."

의를 지키기 위해 가족의 목숨을 내놓을 수 있는 사람이 과연 있을까? 석작이 보여준 '대의멸친(大義滅親)'은 고사하고 명색이 지도층임을 자처하면서 국민의 당연한 의무인 병역이나 납세 등을 피하려고 온갖 불의한 짓을 서슴지 않는 자들이 곳곳에 활보하고 있는 것이 작금의 현실이다.

용맹만 있고 예가 없으면…

어느 날 안연(顔淵)이 인(仁)에 관해서 묻자 공자가 말했다.

"사사로운 욕심을 버리고 예에 돌아가는 것이 인을 하는 것이다. 하루라도 사사로운 욕심을 버리고 예에 돌아가면 천하가 인을 따르게 될 것이다. 인을 하는 것은 자기로부터 말미암은 것이지 남으로부터 말미암은 것이겠는가?"

안연이 말했다.

"그 조목을 듣고 싶습니다."

공자가 말했다.

"예가 아니면 보지를 말고, 예가 아니면 듣지를 말고, 예가 아니면 말하지를 말고, 예가 아니면 움직이지 않는 것이다."

안연이 말했다.

"제가 비록 어리석지만, 그 말씀을 실천하고자 합니다."

〈논어〉 '안연' 편의 대화다.

안연은 공자가 매우 아꼈던 제자인데 그만 요절하여 공자의 눈물을 뽑기도 한 인물이다. 이 대화의 핵심은 바로 '극기복례 위인(克己復禮 爲仁)' 즉, 자신의 욕망을 누르고 예의범절을 따르는 것이 바로 인을 행하는 것이라는 대목이다.

공자는 단 하루라도 사사로운 욕심을 버리고 예에 돌아가면 천하가 인을 따르게 된다고 강조한다. 그리고 인을 하는 것은 자기로부터 말미암은 것이지 남으로부터 말미암는 것이 아니라고 덧붙인다. 아울러 그것을 실천하기 위한 네 가지 조목을 설명하고 있는데, 바로 '사물(四勿)' 또는 '사잠(四箴)'이다.

비례물시 비례물청 비례물언 비례물동
非禮勿視 非禮勿聽 非禮勿言 非禮勿動

예가 아니면 보고 듣고 말하고 움직이지 말라는 얘기다. 그것이 바로 '극기복례(克己復禮)'이며 인을 행하는 일이기 때문이다. 공자가 여기서 다소 원론적으로 예를 설명했다면 다음은 더 구체적이다.

"집안에 예가 있으므로 어른과 아이를 분별하고, 안방에 예가 있으므로 삼족이 화목하고, 조정에 예가 있으므로 벼슬의 차례가 있고, 사냥에도 예가 있으므로 군사를 동원하는 일이 잦지 않고, 군영에도 예가 있으므로 무공을 세울 수 있다."

그리고 또 한마디.

"군자에게 용맹만 있고 예가 없으면 세상을 어지럽히고, 소인에게 용맹만 있고 예가 없으면 도둑이 된다."

검을 나무에 걸어 놓다

〈사기〉 '오태백세가(吳太伯世家)' 편에 실려 있는 얘기다. 오(吳)
나라 왕 수몽(壽夢)의 네 아들 중에 막내 계찰(季札)이라는 인물이
있었다. 수몽은 아들 가운데 가장 현명하고 재능이 있는 계찰에게
왕위를 물려주고 싶어 했다. 신하와 백성들 또한 수 왕의 뜻에 동
의하고 있었다. 그러나 정작 계찰 자신만은 생각이 달랐다.

"왕위는 반드시 장자인 큰형님이 이어야 합니다."

계찰은 산으로 들어가 밭을 갈면서 뜻을 굽히지 않았다. 계찰의
인품과 절개를 잘 아는 형들은 차례대로 집권함으로써 순서에 따
라 자연스럽게 왕위가 계찰에게 이어지도록 하였다. 그러나 본인
의 차례가 되었는데도 계찰은 여전히 뜻을 굽히지 않았다. 이에
할 수 없이 연릉(延陵)의 제후로 봉했고 이때부터 '연릉의 계자(季
子)'라 불렸다.

계찰에게는 보검이 한 자루 있었다. 계찰이 보검을 차고 사신의
소임을 맡아 북쪽으로 가는 중에 서(徐)나라에 들러 서왕(徐王)을
알현하게 되었다. 서왕은 계찰의 보검을 얻고 싶었지만 감히 청하
지 못했다. 서왕의 속마음을 눈치챈 계찰은 보검을 내어 주고 싶
었으나 사신으로 여러 나라를 돌아다녀야 했기 때문에 바치지 않
았다. 그리고는 임무를 마치고 돌아오는 길에 서(徐)나라에 들렀

다. 보검을 전해주기 위해서였다. 하지만 서왕은 이미 죽고 없었다. 계찰은 보검을 풀어 서왕의 집 나무에 걸어놓고 길을 떠났다.

"서왕은 이미 죽었는데 또 누구에게 주는 것입니까?"

이해할 수 없다는 물음에 계찰이 답했다.

"마음속으로 이미 주기로 작정했는데 그가 죽었다고 해서 어찌 뜻을 바꿀 수 있겠는가?"

'계찰괘검(季札掛劍)'은 이 이야기에서 나온 말로, 그만큼 신의를 중히 여긴다는 뜻이다.

사마천(司馬遷)은 계찰의 인물됨을 이렇게 평가했다.

"연릉계자(延陵季子)의 어질고 덕성스러운 마음과 도의(道義)의 끝없는 경치를 앙모한다. 조그마한 흔적을 보면 곧 사물의 깨끗함과 혼탁함을 알 수 있는 것이다. 어찌 그를 견문이 넓고 학식이 풍부한 군자가 아니라고 하겠는가!"

황금 백 근과 말 한마디의 무게

초나라 사람 계포(季布)는 젊었을 때부터 의협심이 매우 강한 사나이로 한 번 '좋다'라고 약속한 이상 반드시 지키는 사람이었다.

언젠가 흉노의 선우(單于)가 여태후를 깔보는 편지를 조정에 보내왔다. 진노한 여태후가 대책을 숙의했는데 상장군 번쾌가 10만 병력으로 흉노를 치겠다고 하자 '번쾌의 목을 자르라!'라고 외친 사람이 계포였다. 고종 황제도 40만 대군으로 쳐들어갔지만, 적에게 포위당하고 일부는 포로(捕虜)가 되었었는데 감히 10만 군대로 흉노를 친다는 것은 모두를 무시한 처사다. 그 말이 너무 무엄하여 계포의 목이 날아가는가 했지만, 여태후는 아무 얘기도 하지 않았다.

그 무렵, 초나라에 조구(曹丘)라는 변론에 능하고 권세욕과 금전욕이 강한 사람이 있었다. 그는 당시 황제인 경제(景帝)의 외숙이 되는 두장군(竇長君)의 집에 자주 내왕했다. 이 소문을 들은 계포는,

"조구는 쓸모없는 자이니 교제를 끊는 것이 좋겠소."

라는 내용의 편지를 띄웠다. 그 일을 듣고 조구가 두장군을 찾아가 계포에게 소개장을 써 달라고 부탁하자,

"계포는 자네를 탐탁지 않게 여기고 있으니 가지 않는 것이 좋

겠네."

하고 말렸으나 조구는 먼저 계포에게 편지를 보낸 다음 화가 머리 끝까지 치밀어 있는 계포를 찾아가 이렇게 말했다.

"초나라 사람들은 황금 백 근을 얻는 것보다 계포의 한 마디 승낙_계포일락(季布一諾)_을 받는 것이 낫다고 하는데 어떻게 그렇게 유명해지셨습니까?"

이 말을 듣고 계포는 조구를 몇 달 자기 집에 머물게 해서 극진히 대접했고, 계포의 이름은 그로 인해 더욱 널리 알려지게 되었다.

서로 다른 평가

노나라에 미생(尾生)이라고 하는 대단히 정직한 사나이가 있었다. 남과 약속하면 어떤 일이 있더라도 그 약속은 반드시 지키는 사람이었다.

어느 날 사모하는 여자와 밤에 다리 밑에서 만나기로 한 미생은 약속 시간에 어김없이 약속 장소에 나갔다. 하지만 여자는 장난삼아 약속했던 것인지, 아니면 무슨 급한 일이 생겼는지 그곳에 나타나지 않았다. 미생은 야속한 생각이 들기도 했지만 믿음을 가지고 끈기 있게 기다렸다.

그러는 중에 썰물 때가 되어 강물이 불어 그의 몸을 적시기 시작했다. 다리에서 무릎으로, 무릎에서 허벅지로 또 배와 가슴께로 물은 자꾸 불어났다. 그래도 그는 단념하지 못하고 여자를 기다렸다. 드디어 물은 목까지 차올라 아차 하는 순간에 다리 기둥을 붙들고 허우적거렸으나 때는 이미 늦어 그만 물에서 헤어나지 못하고 빠져 죽었다.

이 같은 미생의 신의[→미생지신(尾生之信)]에 대해서는 두 가지 엇갈린 평가가 전해진다.

전국시대의 유세가로 유명한 소진(蘇秦)은 연나라 왕을 뵙고 자기의 의견을 설명할 때 이 사나이의 이야기를 꺼내어 신의가 두터

운 사람의 본보기로 삼았다. 미생의 행동을 굳센 신의로 본 견해
라 하겠다.

하지만 같은 시대의 철학자 장자 견해는 달랐다. 그는 그의 우
언(寓言)에 근엄하기 그지없는 공자와 도척을 등장시켜 도척의 입
을 통해 미생의 행동을 비판하고 있다.

"이런 자들은 기둥에 못 박아 죽인 개, 물에 떠내려간 돼지, 아
니면 깨진 그릇을 손에 든 비렁뱅이처럼 쓸데없는 명목에 목숨을
걸고 소중한 생명을 천하게 굴리는 자로서 진실로 삶의 길을 모르
는 무리일 뿐이다."

호랑이보다 더 두려운 것

지자불위비기사
智者不爲非其事
염자불구비기유
廉者不求非其有

지혜로운 사람은 해서는 안 될 일을 하지 않으며, 청렴한 사람은 가져서는 안 될 것을 탐내지 않는다.

한나라 때 한영이 엮은 〈한시외전(韓詩外傳)〉에 있는 말이다. 지혜로운 사람이 되고 청렴한 사람이 되는 건 그리 어려운 일이 아니다. 그저 해서는 안 될 일을 하지 않으며, 가져서는 안 될 것을 탐내지만 않으면 된다. 지혜롭고 청렴결백하면 그 자신이 떳떳하여 천하에 거리낄 것이 없다. 다만 예로부터 군자가 두려워하는 것이 하나 있었으니…

군자불외호
君子不畏虎
독외참부지구

獨畏讒夫之口

군자는 범을 두려워하지 않고 참언을 퍼뜨리는 사람의 입을 두려워
한다.

한나라 왕충(王充)의 〈논형(論衡)〉 '언독(言毒)' 편에 있는 말이
다. '군자는 명예를 소중히 여기고, 소인은 재물을 소중히 여긴다'
는 말이 있다. 군자는 자신의 명예를 지키기 위하여 목숨까지 바
치기도 한다. 그런데 소인은 목숨을 걸고 재물을 모은다. 군자는
소신이 뚜렷하고 스스로가 청렴결백하므로 하늘을 우러르고 땅을
굽어봄에 한 점 부끄러움이 없고 무서울 게 없다. 그런데 소인은
마음이 좁고 간사하여 곧잘 남을 시기 질투하고 때로는 해치기도
한다. 고래로 간신배들의 참소(讒訴)로 목숨을 잃거나 조정에서
쫓겨나 유배 생활을 한 충신열사가 많았다. 그런 인물 중 하나가
굴원(屈原)으로 애국 충절과 청렴을 표상하는 대표적 인물로 받아
들여지고 있다.

전국시대 초나라의 우국 시인 굴원은 고고하고 청렴했지만, 이
때문에 도리어 시기하는 자들에게 참소당하여 초나라에서 쫓겨나
지 않으면 안 되었다. 그의 대표작인 〈어부사(漁父辭)〉는 당시 굴
원의 심상을 확연하게 보여주고 있다.

굴원이 이미 쫓겨나 강가와 물가에 노닐고 못가에서 시를 읊조
리고 다니는데, 얼굴색은 초췌하고 모습은 수척해 보였다.
"아니, 당신은 초나라의 삼려대부(三閭大夫)가 아니십니까? 어

찌하여 이 지경이 되셨습니까?"

"세상이 모두 흐려 더러움에 물들어 있는데 나 혼자 깨끗하고, 여러 사람이 다 취하였는데 나 혼자 깨어 있소. 그로 인해 죄인으로 몰려 쫓겨난 것이오."

"성인은 사물에 굳어버려 융통성 없이 하지 않고 세상과 추이를 같이합니다. 세상 사람이 모두 흐렸으면 어찌 같은 진흙에 더러워지고 같이 세파를 거칠게 하면서 세인에게 동조하지 않았습니까? 여러 사람이 다 취했으면 어찌 세인과 같이 술찌끼라도 먹어 고주 망태가 되지 않고, 어찌 혼자서만 깊이 생각하고 남보다 뛰어나게 고상한 행동을 하여 결국 먼 곳에 추방되도록 자초하셨습니까?"

"금방 머리를 감은 사람은 관을 털어서 쓰고, 목욕한 사람은 옷의 먼지를 턴 다음 입는다고 들었소. 맑고 깨끗한 몸에 어찌 외부의 더러움을 받아들이겠는가? 차라리 상수에 빠져 물고기 배 속에서 몸을 장사 지낼지언정, 어찌 결백한 몸에 세속의 진애(塵埃)를 입힐 수 있겠는가?"

어부는 싱긋이 웃더니 삿대로 배를 두드리며 떠나가면서 노래를 불렀다.

창랑(滄浪)의 물이 맑으면 나의 갓끈을 씻고
창랑의 물이 흐리면 나의 발을 씻으리.

굴원이 절망감에 빠져 강가를 거닐며 울분을 삭이고 시를 짓기도 하면서 10년째 방랑을 하는 동안 마침내 그 자신이 그토록 우려하고 걱정한 대로 진(秦)나라에 의해 초(楚)나라가 멸망했다. 울분을 참지 못한 굴원은 온몸에 돌을 달고 멱라강(汨羅江)—지금은 멱수(汨水)라 한다—에 몸을 던져 자결하고 말았으니, 그의 나이 54세 때였다.

　굴원이 투신한 멱수(汨水) 강가에는 그의 무덤이 남아있으며 옆에는 애국과 충절을 기리는 사당이 지어져 있다. 중국에서는 굴원이 자결한 음력 5월 5일을 단오절(端午節)이라고 해서 그를 추모하는 제일(祭日)로 정하고 있다. 이날은 '용선경도(龍船競渡)'라고 하여 뱃머리에 용을 장식한 배를 타고 북을 치면서 경주를 벌이기도 하는데, 굴원이 강에 몸을 던졌을 당시 백성들이 너도나도 배를 타고 와서 물고기가 시신을 훼손치 못하도록 북을 치고 쫓으며 그의 시신을 찾고자 물속을 헤집었던 고사에서 유래한 것이다. 또, 갈댓잎이나 대나무 잎으로 싸서 찐 수리취라는 떡을 물고기에게 던져주는 풍습이 있는데 이 역시 물속에 잠긴 굴원이 물고기에게 뜯어 먹히지 않도록 하기 위한 배려에서 이어져 온 풍습이라고 한다.

공직 생활을 잘하는 법

후한(後漢) 광무제 때의 일이다. 광무제는 전한(前漢)의 정치적 혼란과 부패, 타락을 직접 경험하였기 때문에 자신은 정치적으로 안정을 꾀하여 백성들이 청렴하게 살 수 있도록 했다. 또 관리들에게는 뇌물을 받지 못하도록 하였고 청렴한 선비들에겐 후한 상을 내리기도 하였다. 이때 강릉 현령으로 유곤(劉昆)이라는 사람이 있었다. 어느 날 자신이 거처하는 관내에서 큰불이 나자 스스로 덕이 없음을 한탄했다.

"제가 덕이 부족하여 이러한 일이 벌어졌으니 천지신명에게 저의 죄를 사죄합니다."

유곤이 말을 마치자마자 어쩐 일인지 갑자기 바람의 방향이 바뀌면서 조금 전까지 활활 타오르던 불길이 잡히기 시작하였다. 이 일이 있고 난 뒤 유곤은 홍농군(弘農郡) 태수로 승진이 되었다. 그런데 그곳은 예로부터 호랑이가 자주 나타나 사람과 가축을 해치는 일이 많았다. 유곤은 산림(山林)을 잘 관리하여 다시는 그런 일이 없도록 하였다. 그리하여 호랑이들이 모두 새끼를 업고 황하를 건너 북쪽으로 옮겨 갔다고 한다.

광무제가 유곤의 일을 보고 받고 그를 불러,

"어떤 덕을 베풀었기에 그 같은 일을 할 수 있었는가?"

하고 물으니 유곤은 다만,

　"우연히 이루어진 일입니다."

라고 답할 뿐 추호도 자신을 스스로 내세우지 않았다. 청렴을 강조한 광무제의 정치가 청렴한 관리들을 불러 모은 것이리라.

　후대 송나라 때 여본중이 아이들을 가르치기 위해 지은 것으로 〈동몽훈(童蒙訓)〉이라는 책이 있다. 이 책에서 그는 벼슬살이하는 세 가지 방법을 알려주고 있다.

　첫째는 청렴이다. 벼슬하는 자가 뇌물 받기를 좋아하고 부정을 일삼는다면 국법이 문란해지고 정치가 어지러워지며 백성이 살 수 없게 되므로 청렴은 매우 중요하다. 옛날에 왕이 허리가 가는 궁녀를 좋아한다고 하자 모든 궁녀가 밥을 굶어가며 허리를 가늘게 하려다 몇십 명이 죽었다고 한다. 윗사람이 원하는 것이면 뭐든지 하려는 관리는 결국 자신을 벼랑 끝으로 내모는 결과만을 얻을 뿐이다.

　둘째는 신중이다. 어떤 일이든지 치밀한 계획을 세우고 신중히 큰일을 이루고 실패하는 일이 없도록 해야 한다. 이것은 나라의 재정을 아끼고 계획된 일을 이루게 하는 원동력이 될 수 있을 것이다.

　셋째는 근면이다. 벼슬하는 사람이 자신의 임무에 충실해지려면 부지런하지 않으면 안 된다. 관리가 자기 일이 어떤 것인지 모를 정도로 태만하다면 그것은 앉아서 백성을 괴롭히는 것이 되는 것이다. 그러나 관리가 부지런히 움직인다면 백성이 앉아서 은혜를 입게 되는 것이니 벼슬하는 자의 근면은 더없이 중요하다고 할 수 있다.

불 찾아 날아드는 부나비

스스로 멸망을 청하는 일, 재앙에 몸을 던지는 일을 의미하는 말이지만, 이 말의 본뜻은 요즘의 뜻과는 약간 다르다.

양나라의 도개(到漑)는 근직하고 총명하며, 학문을 잘하여 고조의 신임이 두터웠다. 경(鏡)이라는 아들이 있었지만 일찍 죽어 손자 진(蓋)이 뒤를 이었는데, 이 역시 총명하여 고조의 아낌을 받았다. 어느 날 진이 고조를 따라 경구(京口)의 북고루(北顧樓)에 올라 시를 지으라는 명령을 받고 곧 시를 지어 바쳤더니, 고조는 그 시를 도개에게 보이며,

"진은 진정 재주꾼이로다. 그러고 보니 그대의 여태까지의 문장은 어쩐지 진의 손을 빌린 것이나 아닌지?"

하며, 도개에게 다음과 같은 글을 내렸다.

"벼루에 먹을 갈아 글을 전하고, 붓은 털끝을 날려 편지를 쓰거니와 나는 부나비 불에 날아듦과 같아, 어찌 몸을 태움에 그칠 수 있으리오. 반드시 늙어서는 거기에 이를 것이라. 진실로 이를 소진에게 물려주리로다."

그대는 벌써 노인이 되었다. 아무리 고생해 명문을 짓는다 해도 자기에게 손해가 올 뿐이니, 이제는 귀여운 손주에게 이름을 전하시라는 뜻이다.

도개가 상동왕(湘東王) 아래서 벼슬을 하고 있을 때, 고조가 상동왕에게 말했다.

"도개는 네게 신하로 있을 인물이 아니다. 그는 너의 스승이니, 항상 그의 의견을 들으라."

도개는 키가 8척이요, 위풍당당하며 행동이 단정했다. 게다가 청렴결백(淸廉潔白)하였고, 스스로 수업에 힘쓰면서 검소한 생활을 했다. 그의 방은 텅 빈 곳에 책상과 의자가 있을 뿐, 시녀를 두는 일도 없었고, 의복도 관복밖에는 화려하게 입지 않았으며, 관이나 신발도 낡도록 사용하였다. 너무나 남루해 보여 천자가 행차할 때 통행금지를 당하여, 조관(朝官)의 증명을 내보여야 하는 때도 있었다.

고조는 도개를 특히 좋아하여 언제나 장기 친구로 삼아 때로는 밤을 새우는 일도 있었는데, 도개의 집 뜰에 별난 돌이 있어, 고조가 장난삼아 그 돌과 〈예기〉의 일부를 장기에 걸게 했다. 그런데 도개가 장기를 졌는데도 도시 그것들을 갖다주지 않으므로, 고조는 빨리 가져오라고 독촉했다.

도개는, "폐하를 모시는 몸으로 어찌 예(예기를 일컬음)를 잃어서 되겠나이까?"라고 말하여, 고조도 허허 웃고 말았다.

도개의 집안은 모두가 화목하였고, 특히 도개와 그의 아우 흡(洽)은 형제의 의가 좋아서 흡이 죽자 같이 쓰던 방을 절에 기부하고 남은 평생 고기를 먹지 않았으며, 아침저녁 중을 불러 불공을 드렸다고 한다. 〈양서(梁書)〉 '도개전(到漑傳)'에 나오는 얘기다.

하늘이 알고 땅이 알고

진렴무렴명

眞廉無廉名

입명자 정소이위탐

立名者 正所以爲貪

대교무교술

大巧無巧術

용술자 내소이위졸

用術者 乃所以爲拙

참으로 청렴함에는 청렴하다는 이름조차 없으니 그런 이름을 얻으려는 것부터가 바로 탐욕이다. 참으로 큰 재주가 있는 사람은 별스러운 재주를 쓰지 않으니 교묘한 재주를 부리는 사람은 곧 졸렬함이다.

홍자성의 〈채근담〉에 전하는 말이다. 진짜 청렴한 사람은 청렴하다는 소문을 내지 않는다. 청렴을 강조하고 다니는 사람은 실은 명예욕이 강한 사람인 것이다. 이와 마찬가지로 남들이 깜짝 놀랄 만한 재주를 가진 사람은 함부로 그 재주를 자랑하지 않는다. 재주를 자랑하는 사람은 그 재주가 미숙하다는 것을 보여주는 것일 뿐이다.

오늘날은 잔재주를 뽐내고 티끌 같은 청렴함을 드러내 보이는 사람들이 너무 많다. 다음은 청렴결백했던 역사상 '진짜 선비들'의 얘기다.

후한 시대는 환관들이 많아 관료 사회 전반이 부패했지만, 그중에는 고결한 관리도 없지 않았다. 제6대의 안제(安帝) 때의 양진(楊震)도 그러한 사람 중의 하나이다. 양진은 대단히 박학하고 청렴결백한 인물이었으므로 그 당시 사람들로부터 '관서의 공자'라는 소리를 들었다.

양진이 동래군(東萊郡)의 태수로 임명되었을 때의 일이다. 부임 도중 '창읍'이라고 불리는 곳에서 자게 되었는데, 밤늦게 창읍현의 현령 왕밀(王密)이 남모르게 찾아왔다.

"태수님 참 반갑습니다. 형주에서 많은 도움을 받은 왕밀이올시다."

"아, 참 오랜만일세."

양진은 왕밀을 기억하고 있었다. 일찍이 형주의 자사를 지내고 있을 무렵, 그 학식을 알아보고 관리 시험에 수재로 합격시켜 준 사나이였다. 두 사람은 지난날을 이야기하고 있었는데, 왕밀이 품에서 금 열 근을 꺼내 놓았다. 양진에게 주려는 것이었다. 그러나 양진은 부드럽게, 그러나 단호하게 받기를 거절했다.

"나는 전부터 그대의 학식이나 인물을 잘 알고 있네. 그런데 그대는 내가 어떤 인물인지를 잊어버렸는가?"

"아닙니다, 태수님. 태수님이 얼마나 고결한 분인가는 마음속에 뚜렷이 새겨져 있습니다. 그렇지만 이것은 무슨 뇌물이 아닙니다. 다만 전에 은혜를 입은 데 대한 감사의 뜻으로 드리는 것입니다.”

“자네는 내가 미리 짐작한 대로 훌륭하게 성장해 현령이 되었네. 앞으로 더 영전을 해서 세상을 위해 일해 줄 것으로 믿네. 나에 대한 은혜는 그것으로 갚아지는 게 아니겠는가.”

“아니올시다, 태수님. 그렇게 딱딱하게 생각할 것이 아닙니다. 그리고 지금은 깊은 밤입니다. 또 여기에는 저와 태수님뿐이라 아무도 모르는 것이니⋯⋯.”

양진은 조용한 눈으로 왕밀을 바라보고 있다가 말했다.

“아무도 모른다고 할 수는 없겠지. 우선 하늘이 알고, 땅이 알고 있네. 게다가 자네도 알고 나도 알고 있지 않은가?”

이 말에 왕밀은 얼굴을 붉히고 돌아갔는데, 그 후 양진의 고결함은 날로 더 빛이 나서 드디어 태위(병사의 최고 관리)가 되었다. 〈후한서〉 ‘양진전(楊震傳)’, 〈십팔사략〉 ‘동양, 효안황제’ 편에 전해지는 얘기다.

다음은 후한(後漢) 제7대 순제(順帝) 때 소장(蘇章)이란 인물에 관한 얘기다.

당시 조정은 황후의 형제들인 양(梁) 씨와 내시들의 손에 의해 마음대로 움직여지고 있었다. 나라의 정치는 그야말로 한껏 부패했다. 그러나 지방에는 간혹 유능하고 청빈한 관리가 없던 것도 아니었다.

기주(冀州)의 장관으로 있는 소장(蘇章)은 관내를 순시하던 길에 청하군(淸河郡)이라는 곳에 갔다. 그곳 태수는 옛날부터의 친구였다. 옛 친구이며 지금은 상관인 소장이 자기 고을에 들른다는 소문을 듣고 태수는 크게 잔치 준비를 하고 장관을 환대했다. 그리고 술이 몇 순배 돌아갔을 때 태수는 소장에게 이런 말을 했다.

"다른 사람은 하늘이 하나밖에 없지만 나에게는 하늘이 둘이라네. 옛 친구이자 상관인 자네가 순찰을 왔으니 웬만한 일은 눈감아 줄 것이 아닌가."

그러나 소장은 낯빛을 바꾸고 꾸짖듯 말했다.

"지금 내가 자네와 마주 앉아 술을 마시는 것은 옛 친구로서 마시는 것이네. 그러니 이것은 어디까지나 사사로운 정이고 내일은 장관의 자격으로 감사를 할 것이네. 공과 사를 혼동해서는 안 되네."

이튿날 소장은 태수가 한 일을 샅샅이 조사하여 부정을 적발해서 법에 정한 대로 처리를 했다. 이렇게 꼿꼿하고 청렴한 관리도 있었지만, 조정은 여전히 외척과 내시들 때문에 나라 꼴이 점점 기울어져 가고 있었다. 이 역시 〈후한서(後漢書)〉에 전하는 얘기다.

궁자후이 박책어인
躬自厚而 薄責於人

공자가 말했다. "자기의 잘못은 엄히 다스리고, 남의 잘못은 너그럽게 봐주는 것이야말로 원망을 멀리하고 사람을 쉽게 따르게 하는 지름길이다."

자기 스스로에게는 엄하게 행하나 남의 잘못은 너그럽게 용서

해야 한다는 뜻이다. 〈논어〉 '위령공(衛靈公)' 편에 나오는 말이다.

사람들은 대부분 이와는 반대로 자기의 잘못이나 자식의 잘못에는 너그러우나, 남의 잘못이나 남의 자식이 잘못했을 때는 끝까지 물고 늘어지는 경우가 많다. 그만큼 공자의 말씀대로 행하기가 절대 만만하지 않다는 것인데, 우리나라 옛 선비 중에 공자의 격언대로 행한 사람이 있으니, 그가 바로 황희 정승이다. 그는 자기 집 뜰 배나무에 열린 배를 마을 개구쟁이들이 아무리 따먹어도 큰소리 한 번 친 적이 없을 정도로 너그러웠지만 자기 자식들은 엄하게 가르쳤다.

그는 기생집에 들락거리는 작은아들에게 아비의 말을 듣지 않는 자식은 자식이 아니라 손님이라며 손님 대접을 함으로써 정신을 차리게 했다. 또한 출세하여 큰 잔치를 연 큰아들에게는,

"선비가 청렴하여 비가 새는 집에서 살아도 나라가 부강해질까 말까 한데 너는 조그마한 벼슬 한자리 얻고 궁궐 같은 집에서 잔치를 여니 내 아들도 아니다."

라고 매섭게 호통을 쳐서 정신을 차리게 했다.

황희는 우리가 익히 알고 있는 청백리의 표상인데 고래로부터 황희 못지않은 청백리에 대한 역사 기록이 매우 많다.

먼저, 〈명심보감〉 '염의(廉義)' 편에 실려 있는 인관과 서조라는 인물이다.

신라 때 인관이라는 사람이 장에서 솜을 파는데 서조(署調)라는 사람이 곡식을 주고 솜을 사서 집으로 돌아갔다. 그런데 솔개가 그 솜을 채다가 인관의 집에 떨어뜨렸다. 이에 인관이 서조에

게 솜을 돌려보내고 말하기를,

"솔개가 당신의 솜을 내 집에 떨어뜨렸기에 돌려보냅니다."

하였다. 그러자 서조가 말하기를,

"솔개가 솜을 채다가 귀하에게 준 것은 하늘의 뜻이니 내 어찌
받을 수 있겠소."

하였다. 다시 인관이 말하기를,

"그렇다면 당신이 지급한 곡식을 돌려보내리라."

서조가 말하기를,

"내 귀하에게 솜 값을 지급하고 벌써 장이 두 번이나 지났으니
그 곡식은 이미 귀하 것이오."

그렇게 서로 사양하다가 결론을 내지 못하고 솜과 곡식을 함께
장터에 내다 버렸다. 이에 장터를 다스리는 관리가 그 사실을 임
금에게 고하자, 임금은 그 둘에게 함께 벼슬을 내렸다.

한편, 관리들이 뇌물을 받는 못된 습관은 오래전부터 있어 온
것 같다. 다음은 부패한 관리들에게 일침이 될 만한 청백리(淸白
吏) 이야기이다.

고려 충렬왕 때의 일이다. 순천 부사 최석(崔碩)이라는 사람이
있었다. 그는 청렴하기로 소문이 자자했다. 그가 비서랑(秘書郎)
이 되어 서울로 돌아갈 때 일이다. 당시 순천에는 벼슬을 얻어 서
울로 전근 가는 사람에게는 좋은 말을 여덟 마리씩 주어 보내는
풍속이 있었다. 해서 지방 관리들이 말들을 끌고 와서 좋은 말을
고르라고 했는데 최석은 아무 말이나 골라서 짐을 실었다. 그리고
서울에 무사히 도착한 뒤 이제 말들이 할 일은 모두 끝났다며 순

천으로 모두 돌려보냈다.

최석이 서울로 올라갈 때 끌고 간 말은 여덟 마리였는데 순천 사람들이 되돌려 받은 말은 망아지 한 마리를 포함하여 모두 아홉 마리였다. 이상하게 여긴 관리들이 망아지 등에 꽂힌 편지를 집어 펼쳤더니 거기에 '이 망아지는 내가 서울로 가던 도중에 낳은 새끼로, 분명 내가 순천에 있을 때 어미 말이 임신했을 터이니 아울러 돌려보낸다'라고 적혀 있었다. 이에 순천 백성들은 하늘이 주신 청백리라면서 최석을 위해 송덕비를 세웠다. 그 비가 '팔마비(八馬碑)'다.

황희 정승과 동시대인 조선 세종 때의 명신 유관(柳寬)이란 인물도 빼놓을 수 없겠다. 자는 경부(敬夫) 호는 하정(夏亭). 청렴결백하기로 이름이 났다. 그는 원래 청빈함을 평생 팔자로 알고 그저 가난을 잊고 살았다. 장마가 지는 여름철이면 지붕이 새서 마치 삼대가 죽죽 뻗은 것같이 비가 내려도 이를 막을 재주도 없었다. 하는 수 없이 우산을 들고 방안에 쪼그리고 앉아서는 비를 피하는 게 고작이었다. 그러고는 부인을 향해 이렇게 큰소리를 친다.

"우산이 없는 집에서는 어떻게 지낼까? 우리는 이만하면 다행한 일이 아니오."

기가 막힐 노릇이다.

"우산이 없는 집에서는 반드시 지붕이 새지 않도록 대책을 세웠을 게 아닙니까."

부인의 입바른 소리에 아무 말 못 할밖에.

그는 집에 찾아오는 사람이 있으면 겨울인데도 불구하고 맨발로 나가서 맞아들였고, 이따금 자신이 직접 채소밭에 나가 호미로 김을 매곤 하였다. 불평 한마디 없이.

조선 말엽 사람으로 청렴하기로 이름이 높았으며 벼슬이 판서(判書)에 이르렀던 홍기섭(洪基燮).

그는 젊었을 때 말할 수 없이 가난했다. 어느 날 아침 어린 계집종이 기쁜 듯이 뛰어와서 돈 일곱 냥을 바치며 말했다.

"이것이 솥 속에 있었습니다. 이 돈이면 쌀이 몇 섬이요, 나무가 몇 바리입니다. 참으로 하늘이 내리신 것입니다."

홍기섭이 놀래서 묻기를,

"이것이 어찌 된 돈인고?"

하고 곧 '돈을 잃어버린 사람은 와서 찾아가라'라는 글을 써서 대문에 붙였다.

이윽고 얼마 아니 되어 유씨 성을 가진 사람이 찾아와 글의 뜻을 물었다. 홍기섭이 빠짐없이 사연을 들려주었다. 사연을 듣고 난 유가가 물었다.

"남의 솥 속에다 돈을 잃어버릴 리가 없습니다. 참으로 하늘이 주신 것인데 왜 취하지 않으십니까?"

홍기섭이 답했다.

"내 물건이 아닌데 어찌 가지겠는가."

유가가 꿇어 엎드리며 말했다.

"사실은 소인이 어젯밤 솥을 훔치러 왔다가 도리어 가세(家勢)가 너무 쓸쓸한 것을 불쌍히 여겨 이 돈을 놓고 갔습니다. 이제 공의 성정이 고결하고 탐심이 없으며 마음이 깨끗한 것에 탄복하였습니다. 좋은 마음이 스스로 우러나 앞으로는 절대 도둑질하지 않을 것을 맹세하옵니다. 늘 옆에서 모시기를 원하오니 걱정하지 마시고 취하시기를 바랍니다."

공이 돈을 돌려주며,

"자네가 좋은 사람이 된 것은 참으로 좋은 일이나 이 돈은 취할 수 없네."

하고 끝끝내 받지 않았다.

뒤에 홍기섭은 판서가 되고 그의 아들 재룡(在龍)이 헌종의(憲宗) 부원군이 되었으며, 유가 또한 신임을 얻어서 몸과 집안이 크게 번영하였다.

좌우명 座右銘

유교 사회의 기본 윤리인 삼강오륜과 이에 대한 실천 윤리를 일목요연하게 모아놓은 것 중 하나가 〈명심보감〉 '입교편(立教篇)'이다. 그 첫 장은 역시 공자 말씀으로 시작하고 있다.

자왈
子曰
입신유의이효기본
立身有義而孝其本
상사유례이애위본
喪祀有禮而哀爲本
전진유렬이용위본
戰陣有列而勇爲本
치정유리이농위본
治政有理而農爲本
거국유도이사위본
居國有道而嗣爲本
생재유시이력위본
生財有時而力爲本

공자가 말했다. "입신(立身)에 있어서 지켜야 할 도의가 있으니 효도가 그 근본이요, 상사(喪事)에 있어서 예절이 있으니 슬퍼함이 그 근본이요, 싸움터에 서열이 있으니 용맹이 그 으뜸이요, 나라를 다스리는 데 이치가 있으니 농사가 그 근본이요, 나라를 지키는 데 방법이 있으니 대대로 물려줌이 그 근본이요, 재물을 생산함에 때가 있으니 노력을 그 바탕으로 삼는다."

이 '입교편(立教篇)'이 흥미로운 것은 선현들의 실천 윤리를 세세하게 엿볼 수 있다는 점이다. 특히 성리학 대가 정이천의 제자인 북송의 장사숙(張思叔)과 남송의 학자 범익겸(范益謙) 두 사람의 좌우명이 눈길을 끈다.

먼저 장사숙의 좌우명이다.

"무릇 말은 반드시 충성되고 믿음직스럽게 하며, 무릇 행실은 반드시 돈독하고 공경스럽게 하며, 음식은 반드시 삼가고 절제하며, 글씨는 반드시 반듯하고 바르게 쓰며, 용모는 반드시 단정하고 정중하게 하며, 의관은 반드시 갖추어 입어라. 걸음걸이는 반드시 침착하고 안존하게 하며, 거처하는 곳은 반드시 안정되고 조용하게 하며, 일을 할 때는 반드시 계획을 세워 시작하며, 말할 때는 반드시 그 실행 가능성을 생각해서 하며, 인륜 도덕을 반드시 굳게 지키고 실천하며, 일을 수락할 때는 반드시 신중히 생각해서 하며, 남의 선행을 보면 자기가 한 듯 기뻐하며, 남의 악행을 보거든 자신이 한 듯이 걱정하라. 무릇 이 열네 가지는 모두 내가 아직 깊이 깨닫고 실행하지 못한 것이다. 이를 자리의 오른편에 써 붙여 놓고 아침저녁으로 보면서 경계하고 있다."

다음은 특히 공직에 있는 사람들에게 귀감이 될 만한 범익겸(范益謙)의 좌우명.

"첫째, 조정의 이해와 변방의 보고와 관직의 임명에 대해 말하지 마라. 둘째, 주와 현을 다스리는 관원의 장단점과 득실(得失)에 대해 말하지 마라. 셋째, 여러 사람이 저지른 잘못과 악행에 대해 말하지 마라. 넷째, 벼슬길에 나아가 기회를 잡아 권세에 아부하려는 생각에 대해 말하지 마라. 다섯째, 재물이 많고 적음, 또는 가난을 피해 부자가 되려는 생각에 대해 말하지 마라. 여섯째, 음탕하고 난잡한 농담, 여색에 대해 말하지 마라. 일곱째, 남의 물건을 탐내고 술과 안주를 얻어먹으려는 생각을 말하지 마라. 또한, 남의 편지를 뜯어보거나 지체해서는 안 되며, 곁에 있으면서 남의 사사로운 글을 엿봐서는 안 되며, 남의 집에 갔을 때 남의 글을 훔쳐보지 말며, 남의 물건을 빌렸을 때 훼손하거나 안 돌려주면 안 되며, 음식을 가려서 먹지 말며, 남과 함께 있을 때 자기만 편하려 하지 말며, 타인의 부귀를 지나치게 부러워하거나 폄훼하지 마라. 무릇 이러한 것들을 범하는 사람이 있다면 그것만으로도 그 사람의 마음 씀씀이가 바르지 않음을 알 수 있으며, 마음을 바르게 하고 몸을 닦는 데 크게 해가 될 것이다. 따라서 이 글을 써서 스스로 경계토록 하는 바이다."

형식은 다르지만 주나라 무왕(武王)과 강태공의 대화 역시 새겨

둘 만하다. 무왕은 문왕의 아들로 이름은 발(發)이다. 아버지 문왕의 뜻을 따라 강태공을 태사로 받들고 은나라 주왕(紂王)을 멸하여 주 왕조를 일으켰다.

무왕이 태공에게 물었다.

"사람들이 같은 세상에 사는데 어찌하여 귀천과 빈부가 고르지 않습니까? 바라건대 말씀을 통해 깨우침을 얻고자 합니다."

태공이 대답했다.

"부귀는 성인의 덕과 같아서 모두가 천명에 따라 좌우되는 것입니다. 부자는 쓰는 데 있어서 절제가 있지만, 가난한 사람은 집안에 '십도(十盜; 열 가지 도둑)'가 있습니다."

무왕이 물었다.

"무엇을 '십도(十盜)'라고 합니까?"

태공이 대답했다.

"다 익은 곡식을 제때 거둬들이지 않는 것이 첫째 도둑이요, 남김없이 거둬들여서 창고에 쌓아두지 않는 것이 둘째 도둑이요, 일 없이 등불을 켜놓고 자는 것이 셋째의 도둑이요, 게으름을 피워 밭을 갈지 않는 것이 넷째의 도둑이요, 남에게 공을 베풀지 않는 것이 다섯째의 도둑이요, 오로지 교활하고 해로운 짓만 하는 것이 여섯째의 도둑이요, 딸을 너무 많이 낳아서 기르는 것이 일곱째의 도둑이요, 낮잠을 자고 아침에 늦게 일어나는 것이 여덟째의 도둑이요, 술을 탐하고 환락에 빠지는 것이 아홉째의 도둑이요, 심하게 남을 시기하는 것이 열째 도둑입니다."

무왕이 물었다.

"집에 십도가 없는데도 부자가 되지 못하는 것은 왜 그렇습니까?"

태공이 대답했다.

"그런 사람의 집에는 반드시 '삼모(三耗)'가 있습니다."

무왕이 물었다.

"삼모는 무엇입니까?"

태공이 대답했다.

"창고가 부서져 비가 새는데도 고치지 않아서 쥐나 새들이 마구 먹어대게 하는 것이 첫째 손실이요, 거두고 씨 뿌릴 때를 놓치는 것이 둘째 손실이요, 곡식을 흘려 더럽히는 것이 셋째 손실입니다."

무왕이 물었다.

"집에 삼모가 없는데 부유하지 못한 것은 왜 그렇습니까?"

태공이 대답했다.

"그런 사람의 집에는 반드시 일착(一錯), 이오(二誤), 삼치(三痴), 사실(四失), 오역(五逆), 육불상(六不祥), 칠노(七奴), 팔천(八賤), 구우(九愚), 십강(十强)이 있어서 스스로 그 화를 부르는 것이지 절대로 하늘이 재앙을 내리는 것이 아닙니다.

무왕이 말했다.

"그 내용을 자세히 들려주십시오."

태공이 대답했다.

"아들을 기르며 가르치지 않는 것이 첫째의 그르침이요, 어린아이를 훈도하지 않는 것이 둘째의 잘못이요, 새 아내를 맞아들여서 엄하게 가르치지 않는 것이 셋째 어리석음이요, 말하기 전에 웃기부터 하는 것이 넷째의 과실이요, 부모를 봉양하지 않는 것이 다섯째의 거스름이요, 밤에 알몸으로 일어나는 것이 여섯째의 꼴불견이요, 남의 활을 당기기를 좋아하는 것이 일곱째의 쌍스러움이요, 남의 말을 타기를 좋아하는 것이 여덟째의 천박함이요, 남의 술을 마시면서 다른 사람에게 권하는 것이 아홉째의 우매함이요, 남의 밥을 먹으면서 벗에게 주는 것이 열째의 뻔뻔함이 되는 것입니다."

무왕이 말했다.

"아아! 지극히 좋고도 옳은 말씀이다."

키워드
Key Word

윤리

삼강오륜(三綱五倫) ∥ 삼강오상(三綱五常)

강상죄인(綱常罪人)

살신성인(殺身而成仁)

사생취의(捨生取義)

절의오청운(節義傲青雲)

대의멸친(大義滅親)

극기복례(克己復禮)

사물(四勿) ∥ 사잠(四箴)

계찰괘검(季札掛劍)

계포일락(季布一諾)

미생지신(尾生之信)

지자불위비기사 염자불구비기유(智者不爲非其事 廉者不求非其有)

군자불외호 독외참부지구(君子不畏虎 獨畏讒夫之口)

진렴무렴명(眞廉無廉名)

궁자후이 박책어인(躬自厚而 薄責於人)

청렴결백(淸廉潔白) ∥ 청백리(淸白吏)

입신유의이효기본(立身有義而孝其本)

상사유례이애위본(喪祀有禮而哀爲本)

전진유렬이용위본(戰陣有列而勇爲本)

치정유리이농위본(治政有理而農爲本)

거국유도이사위본(居國有道而嗣爲本)

생재유시이력위본(生財有時而力爲本)

좌우명(座右銘)

십도(十盜)

삼모(三耗)

일착(一錯) 이오(二誤) 삼치(三痴) 사실(四失) 오역(五逆)

육불상(六不祥) 칠노(七奴) 팔천(八賤) 구우(九愚) 십강(十强)

제2강
세상을 대하는
리더의 자세

정신적 자질만으로는 시대의 지도자가 될 수 없다. 진정한 의미의 지도자가 되기 위해서는 자질뿐만 아니라 성실한 마음으로 혼신의 노력을 기울여 자기 발전을 이룩하고, 이를 통해 현실 세계 속에서 실질적인 능력과 재능을 발휘할 수 있어야 한다.

노력努力

구일신 일일신 우일신
苟日新 日日新 又日新

진실로 하루라도 새로울 수 있거든 나날이 새롭게 하며 또 날로 새롭게 하라.

명군 탕왕(湯王)이 자신의 세숫대야에 새겨놓고 좌우명으로 삼았다는 말이다. 새롭다는 것은 무엇인가. 구태를 벗고 혁신하는 것이며, 더 나은 가치를 창출하는 것이다. 날로 새롭기 위해서는 냉철한 현실 인식과 새로움에 대한 통찰 그리고 그 통찰을 통해 얻은 가치를 구현하려는 부단한 노력이 필요하다. 이로써 발전과 진보를 이룩하고자 하는 사람이 바로 지도자의 재목이다. 또한 여기서 필요한 덕목이 바로 성실과 근면이다.

진지한 생각이 없으면
거지가 된다

한나라 경제(景帝) 때 이광(李廣)이라는 맹장이 있었다. 당시는 북방 이민족 흉노와 한창 전쟁하고 있었다. 어느 날 이광이 적진 깊숙이 들어가 기습 공격을 하여 목표를 이루긴 했으나 많은 흉노 군사에게 빽빽이 포위되어 버렸다. 이광은 필사적으로 활로를 찾으면서 군사들에게 명했다.

"침착하라. 달아나지 마라. 말에서 내려 안장을 풀어라."

갑자기 싸울 기세를 완전히 풀어버린 이광의 군사를 보고 적군은 오히려 당황하기 시작했다. 상대방은 이광이 너무나 용감무쌍한 장수인 것을 알았기 때문에 무슨 계략이 있는가 싶어 잠시 주춤하였다. 이광은 그 틈에 수십 명의 군사를 데리고 질풍처럼 흉노의 선두 앞에 나가 적의 대장을 거꾸러뜨리고 도망 나왔다.

후에 〈사기〉에서 사마천은 이렇게 적었다.

"장군은 입을 잘 놀리지 않고 침묵을 지키지만, 그 성실성은 천하에 알려져 있다. 복사꽃이나 오얏꽃은 아무 말 없어도 그 아름다움을 그리워하는 사람들이 모여들므로 나무 밑으로는 자연히 오솔길이 생기는 법이다."

성실한 사람은 그 스스로 드러내 보이지 않아도 그 곁에 항상 사람들이 모인다. 그렇게 모여드는 사람들의 발자국이 만들어 내는 오솔길은 삶의 방향을 잡아주는 지표가 된다.

　도연명의 〈도화원기(桃花源記)〉에 보면 '복사꽃 피는 마을에서 개가 짖고 뽕나무밭에서 닭이 운다(도원견폐 상간계명; 桃源 犬吠 桑間鷄鳴)'라는 구절이 있다. 순박한 전원 풍경을 묘사한 것인데, 이를 인용하여 홍자성은 〈채근담〉에 다음과 같은 글을 남기고 있다.

문이졸진 도이졸성
文以拙進 道以拙成
일졸자유무한의미 여도원견폐 상간계명 하등순방
一拙字有無限意味 如桃源犬吠 桑間鷄鳴 何等淳龐.
지어한담지월 고목지아 공교중 편각유쇠삽기상의
至於寒潭之月 古木之鴉 工巧中 便覺有衰颯氣象矣

글은 졸(拙)함으로써 발전하고, 도(道)는 졸함으로써 성취된다. 졸자(字) 하나에 뜻이 무한하나니 도원에서 개가 짖고 뽕나무밭에서 닭이 운다는 것은 얼마나 순박하며, 차가운 연못에 달이 비치고 고목에서 까마귀가 운다는 대목에 이르러서는 공교로우면서도 그 속에서 문득 쓸쓸하고 처량한 기상을 느끼게 된다.

　여기서 '졸(拙)'은 '성실하다'라는 뜻으로 쓰인다. 즉 성심을 다함으로써 학문이나 도를 성취할 수 있음을 말하고 있는 것이다. 이에 더해 그는 다음과 같이 경고하고 있다.

작인 무점진간념두 편성개화자 사사개허

作人 無點眞懇念頭 便成個花子 事事皆虛

사람에게 진지한 생각이 없으면 거지가 되고 만다. 모든 일이 허망
할 것이다.

'진지한 생각' 역시 '성실'을 의미한다. 성실하지 못하고 진실성
이 없는 사람에게 한두 번 속을지도 모른다. 하지만 결국에 가서
는 그를 불신하고 상대하지 않게 된다. 이른바 '경계의 대상'이 되
는 것이다. 그는 결국 소외되어 아무것도 이룰 수 없고 그로 인해
빈천해질 수밖에 없다.

우리나라 속담에 "열 길 물속은 알아도 한 길 사람의 속은 모른
다."는 말이 있다. 사람을 사귐에 있어서는 겉만 보지 말고 그의
사람됨을 조심스럽게 살피고 이것저것 꼼꼼하게 따질 줄도 알아
야 한다는 얘기다.

부장대불성어중자

夫藏大不誠於中者

필근소성어외

必謹小誠於外

이성기대불성

以成其大不誠

마음속에 아주 나쁜 생각을 품고 있는 사람은 겉으로는 매양 성

실한 것처럼 행동한다. 이는 마음속에 있는 아주 나쁜 생각을 달성하기 위해서이다

〈안자춘추(晏子春秋)〉 '외편(外篇)'에 있는 말로서 불성실한 사람을 경계하라는 뜻이다. 사람은 여러 부류의 많은 사람들과 관계를 맺으며 살아간다. 그리고 좋은 사람을 만나면 좋은 결과를 맺고 나쁜 사람을 만나면 나쁜 결과를 초래한다. 그러므로 사람을 만나 관계를 맺음에 있어 그가 좋은 사람인가 나쁜 사람인가를 잘 가릴 줄 알아야 한다. 그 중요한 품성적 가치 기준의 하나가 바로 성실함에 있다는 것이다.

인재 선발법

조선 숙종 때의 문신이며 학자인 미수(眉叟) 허목(許穆)이 올린 상소문 중에 다음과 같은 것이 있다.

"……삼가 아룁니다. 병조에서 신설한 무사를 뽑는 법에 벼슬이 있고 없고 막론하고 추천된 자를 다 소집하여 열을 지어 앉혀 놓고 그들의 용모를 살피고, 그들의 말을 듣고서 뽑을만한 자는 뽑고, 뽑을만하지 못한 자는 보내기로 법령을 정비하였는데, 이는 인재를 모으는 방법에 있어서 상세하고도 극진하달 수는 있겠으나 그 폐단이 말과 용모를 꾸미고 가꾸어서 벼슬을 얻는 지름길로 삼을 것이므로 크게 잘못된 것입니다. 이는 칼 쓰기, 말타기, 활 쏘기로 시험을 보아 뽑는 것과는 다릅니다. 대체로 훌륭한 인재가 있다고 해도 사람들이 이를 쉽게 알 수 없는데, 외모와 말솜씨에는 남을 속이기에 충분함이 있어서 속마음이 성실한 자는 세상에서 빛을 볼 수 없게 되며, 그중에는 이러한 폐단으로 인해 스스로 시험 치기를 거부하는 자도 있을 터이니 이는 조정의 큰 손실이 아닐 수 없습니다. 저들이 비록 무인이기는 하지만 그것이 조정의 관작(官爵)인 이상 가볍게 여겨서 아무렇게나 주어서는 안 되며, 사람을 쓰고 벼슬을 줌에서도 이처럼 해서는 안 될 줄로 아옵니다."

상소의 주제는 관리를 등용하면서 용모나 말재주보다는 성실성에 기준을 두어 뽑아야 한다는 것이다. 요즘도 실력보다는 외모나 언변을 중시해 사람을 뽑는다고 하여 세간의 가십거리가 되는 경우를 종종 볼 수 있는데 이러한 폐단이 옛날이라 해서 없지는 않았던 모양이다.

'교언영색(巧言令色)'이라는 말이 있다. 교묘한 말과 표정으로 겉치레할 뿐 좋은 내용은 없음을 뜻하는 말이다. 공자는 말하기를 '말솜씨가 교묘하고 모가 없는 표정을 짓는 이 중에는 성실한 사람은 별로 없다'라고 하였다. 또한 말하기를, '무뚝뚝하고 꾸밈이 없는 사람은 완성된 것을 갖춘 셈이나 진배없다'라고 하였다. 하지만 그런 사람이라도 완성된 덕을 갖추었다고는 말할 수 없다. 형식과 실질이 조화를 이루어야지만 비로소 순자라고 공자는 말했다. 여러 방면의 학문을 배우고 그것을 형식으로써 정히 통제하라고 가르쳤다. 결코 무뚝뚝하고 우직한 태도를 권장한 것은 아니다. 공자는 무엇보다도 말과 표정으로 사람을 속이는 교활함을 미워했던 것이다.

〈사기〉 '상군전'에도 비슷한 말이 나온다. 모언화 지언실(貌言華 至言實), '미사여구는 실속이 없으며 지극한 말에는 성실한 뜻이 담겨 있다'라는 뜻이다.

상앙(商鞅)이 진(秦)나라의 재상으로 10년째 군림하며 막강한 권력을 휘두르자, 진나라의 왕족이나 외척 중에서 상앙을 원망하고 시기하는 자가 많이 생겼는데, 하루는 조양(趙良)이라는 자가 상앙에게 와서 말했다.

"그대가 평소 남에게, 오랑캐와 같이 부자(父子)간의 구별도 없이 한 여자를 공유하는 진나라의 만풍(蠻風)을 뜯어고치는 등의 업적을 스스로 자랑한다는 소리를 들었습니다. 그러나 그대는 그러한 업적에도 불구하고 남이 말하는 것은 모두 그르다 하고 오로지 자신만이 잘났다고 교만해하니, 바라건대 내가 그대에게 하루 종일 직언한다 해도 죽임을 당하지 않기를 바랍니다."

상앙이 대답했다.

"이런 말이 있지요. '겉으로 화려하기만 한 말은 꽃이고, 지극 정성스러운 말은 열매이며, 괴로운 말은 약이고, 달콤한 말은 독이다'라고요. 그대가 진종일 나에게 직언을 해 준다면 그것은 약이 되겠으니 사양할 리가 있겠습니까? 나는 지금부터 그대를 나의 스승으로 섬기겠소."

닭을 잡는데 소 잡는 칼

할계언용우도(割鷄焉用牛刀). 〈논어〉 '양화' 편에 보이는데, 공자와 그의 제자 자유(子游)의 대화에서 나온 말이다. 공자가 무성(武城)에 갔을 때 일이다.

공자가 빙그레 웃으면서 말했다.
"닭을 잡는데 어찌 소 잡는 칼을 쓸 것이 있느냐?"
자유가 말하길,
"전에 선생님께서는 저에게 '군자는 도를 배우면 사람을 사랑하고, 소인은 도를 배우면 부리기 쉽다'고 하셨습니다."
하였다. 공자가 다시,
"애들아, 자유의 말이 옳으니라. 아까 한 말은 농담이었을 뿐이다."
하였다.

자유는 노나라의 작은 읍인 무성의 재상을 맡아 성심껏 일하고 있었다. 그는 공자에게 가르침을 받은 예악(禮樂)을 바탕으로 백성들을 교화하는 데 힘을 다했다. 그러한 때에 공자가 제자들을 데리고 무성을 방문했는데 고을에 울려 퍼지는 거문고 소리를 듣고 '닭을 잡는데 어찌 소 잡는 칼을 쓸 필요가 있느냐(할계언용우도; 割鷄焉用牛刀)'고 한 것이다.

언뜻 보면 작은 일을 처리하는데 큰 인물이 나설 필요가 없다는 얘기로 보인다. 하지만 공자의 본심은 다른 데 있었다. 소와 닭은 그저 비유였을 뿐 자신의 그릇에 비해 터무니없이 작은 고을임에도 불구하고 이를 마다하지 않고 성심을 다하여 성을 다스리고 있는 자유의 신실한 성품을 칭찬한 것이다. 또, 이렇듯 작은 읍에서 도를 실천하려니 얼마나 힘이 들겠냐는 격려의 뜻이기도 했다. 그러나 자유의 대답을 듣고 자기의 말이 좀 지나쳤음을 알고 바로 농담이라고 말한 것이다.

요즘 이 말은 '작은 일을 처리하는 데 큰 인물의 손을 빌릴 필요가 없다'라는 뜻으로 쓰이고 있다. 하지만 생각해 보라. 작은 일도 제대로 못 하는 사람이 어찌 큰일을 할 수 있겠는가. 문제는 칼이 아니라 그 칼을 쥐고 있는 사람의 품성이다. 소인배에게 큰 칼을 쥐여주면 강도질밖에 더 하겠는가.

남을 신뢰하는 사람은
그 자신이 성실하기 때문이다

'늑명고성(勒名考誠)'이라는 말이 있다. 기물(器物)에 그 제작을 맡았던 사람의 이름을 새겨 넣게 함으로써 그 사람에게 정성이 있었는가 없었는가를 살피는 것을 말한다. 〈예기〉 '월령' 10월 조에 다음과 같은 내용이 있다.

　…이번 달에 공사(工師)에게 명하여 일의 공적을 살피도록 한다. 제기는 벌여놓고 제례에 합치되는지를 심사하고, 음교를 작위 함으로써 윗사람의 마음을 흔들리게 하는 일이 없게 한다. 반드시 정교함을 상(上)으로 하고, 기물에는 공인(工人)의 이름을 새기게 함으로써 그 성실함을 고려한다_늑명고성(勒名考誠)_. 공로에 마땅하지 않음이 있으면 죄를 벌함으로써 그 정황을 추궁한다.

　요즘도 시장에 나가 보면 제품에 생산자의 이름이 표시된 것을 볼 수 있다. 농산물이나 공산품을 막론하고 그 제조에 관여한 사람의 이름을 표기함으로써 제품의 품질을 담보하고자 한 것이다. 곰곰이 생각해 보면 '늑명고성'이나 요즘의 '생산자 표시'나 공통점은 드러내고 강제한다는 것이다. 좋은 제품을 내놓을 때 칭찬을 받고 명예를 얻을 수도 있겠지만 그렇지 못할 때는 책임을 면키 어려울 터이니 겁나는 일이기도 하다.

기물에 앞서 본인의 마음에 이름을 새기면 어떨까? 〈채근담〉에 '남을 신뢰하는 사람은 그 자신이 성실하기 때문'이라는 얘기가 나온다.

신인자 인미필진성 기칙독성의
信人者 人未必盡誠 己則獨誠矣
의인자 인미필개사 기칙선사의
疑人者 人未必皆詐 己則先詐矣

사람을 믿는다는 것은 모든 사람이 반드시 성실하지 못하더라도 자기만은 홀로 성실하기 때문이며, 사람을 의심하는 것은 사람이 반드시 모두 속이지 않더라도 자기가 먼저 스스로 속이기 때문이다.

아무도 믿을 수가 없는 세상인데 유독 나만 성실하여 무슨 득을 보겠느냐고 하지만 의심하고 선의를 무시하거나 짓밟는 것보다는 낫다는 얘기다. '마음에 새긴 이름'은 누가 칭찬하거나 벌주지 않아도 그 스스로 빛을 발하기 때문이다.

가난을 면하려고?

근자민어덕의 이세인차근이제기빈
勤者敏於德義 而世人借勤以濟其貧

검자담어화리 이세인가검이식기색
儉者淡於貨利 而世人假儉以飾其吝

군자지신지부 반위소인영사지구의 석재
君子持身之符 反爲小人營私之具矣 惜哉

근면이란 도덕과 의리를 민첩하게 실행하는 것이거늘 세상 사람들은 근면의 이름을 빌어 가난을 면하며, 검약이란 재물에 담박한 것이거늘 세상 사람들은 검약의 이름을 빌어 자신의 인색함을 꾸미나니, 군자의 몸을 지키는 신조가 도리어 소인의 사리를 영위하는 도구가 되어 버렸다. 이 어찌 안타까운 일이 아니겠는가.

'근면(勤勉)'이라는 말의 사전적 의미는 '부지런히 일하며 힘을 쓴다'라는 것이다. '검약(儉約)'은 '돈이나 물건, 자원 따위를 낭비하지 않고 아껴 쓴다'라는 뜻이다. 그런데 이 사전적 의미에는 함정이 있다. 그 본질과 대상, 목적이 빠져 있어서 생기는 오해다. 위의 인용은 〈채근담〉에서 홍자성이 바로 그 점을 지적하고 있는 대목이다.

 바로잡자면, 근면이란 도덕과 의리를 실천하기 위해 부지런히 힘쓰는 일이어야지 단지 가난을 면하고자 하는 노력이어서는 안 된다. 검약 또한 재물에 욕심을 두지 말라는 뜻이지 아껴 쌓아두라는 뜻이 아니다. 하물며 자신의 인색함을 위장하는 도구라니… 단지 재물을 얻기 위해 부지런하거나 단지 재물을 남기기 위해 아낀다면 사리사욕을 채우는 것에 지나지 않을 뿐 가치를 논할 수 없는 일이다. 그렇다면, 명색이 군자인 자로서 부지런히 공부하고 학문에 힘써야 하는 이유는 무엇일까?

 널리 배우고 뜻을 도탑게 하며 간절히 묻고 생각을 잘하면 인(仁)이 그 가운데 있다. ─ 공자
 사람이 배우지 않으면 마치 하늘에 올라가면서도 아무 재주가 없는 것 같고, 배워서 지혜가 넓어지면 마치 상서로운 구름을 헤치고 푸른 하늘을 보는 것과 같으며, 높은 산에 올라 천하를 바라보는 것과 같다. ─ 장자
 옥은 다듬지 않으면 그릇이 되지 않고, 사람은 배우지 않으면 의를 알지 못한다. ─ 예기
 사람이 배우지 않으면 사물에 어두워서 깜깜한 밤에 길을 가는 것과 같다. ─ 강태공
 사람이 예나 지식을 알지 못하면 말이나 소에 옷을 입히는 것과 같다. ─ 한유
 비록 집이 가난하더라도 학문을 그만둘 수는 없고, 부자라도 그 부유함을 믿고 배움을 게을리할 수는 없다. 가난해도 부지런히 배우면

입신할 수 있고, 집안이 넉넉하면서 부지런히 배우면 영광을 얻을
수 있다. 배우는 것은 자신의 보배이며 세상의 보배다. ─ 주자

세 가지 반성

너무 한가하다 보면 자신도 모르게 엉뚱한 생각이 떠오를 때가 있다. 흘러간 세월, 떠나간 사람, 사소한 상념조차 커다란 짐이 되어 어깨를 짓누르기도 하고 때로는 달콤한 환상에 빠져 현실을 망각하기도 한다. 너무 바빠도 문제다. 자신의 본심을 살피고 자성의 시간을 갖기보다는 근본을 망각한 채 정신없이 쫓기게 되기 때문이다. 홍자성의 〈채근담〉에 나오는 얘기다.

인생태한 칙별염절생 태망 칙진성불현
人生太閑 則別念竊生 太忙 則眞性不現
고사군자 불가불포신심지우 역불가불탐풍월지취
故士君子 不可不抱身心之憂 亦不可不耽風月之趣

사람이 너무 한가하면 딴생각이 슬그머니 일어나고, 너무 바쁘면 참다운 마음의 본성이 나타나지 않는 법이다. 그러므로 군자는 불가불 몸과 마음의 근심을 지녀야 하고, 또한 불가불 풍월의 취미를 갖지 않을 수 없다.

여기서 말하는 몸과 마음의 근심 즉 군자의 '신심지우(身心之

憂)'란 무엇일까? 그것은 도덕과 의리를 실천하고자 부지런히 애 쓰는 사람, 즉 '근자(勤者)'의 운명적 멍에 같은 것이리라. 이 멍에 를 벗어버릴 수 없기에 가끔은 여유를 갖기 위해 불가불 풍월의 취미를 갖지 않을 수 없다는 것이리라. 풍월의 취미가 전도되어 은밀한 생각이나 망상에 빠지지 말아야 할 터이지만 말이다.

은밀한 생각이나 망상에 빠지지 않기 위해서는 고요한 가운데 자기 자신을 스스로 돌아볼 줄 알아야 한다. 이른바 자성(自省)' 이다.

날마다 자신의 세 가지 행위에 대해서 반성한다는 말이 있다. 〈논어〉 '학이' 편에 나오는 '일일삼성오신(一日三省五身)'이다. 증 자가 말했다.

"나는 날마다 세 가지로 나 자신을 살피고 반성한다. 첫째로, 사 람과 더불어 일을 하는 데 있어서 충심으로 일에 매달리지 않았는 가를 반성한다. 둘째로, 벗을 사귀는 데 있어서 신뢰 없이 굴지 않 았는가를 반성한다. 셋째로, 배운 것을 익히고 다듬지 않았는가를 반성한다."

증자는 이름을 '삼(參)'이라 하고, 자(字)를 '자여(子輿)'라고 하 는 공자의 제자이다. 증자는 홀어머니를 극진하게 모시는 효자로 서, 효성스러운 사람의 대명사로 자주 쓰인다. 증자의 삼성오신에 대해 주자(朱子)는 이렇게 말했다.

"증자가 이 세 가지로써 날마다 그 자신을 반성하여, 있으면 고 치고 없으면 더욱 힘써서 자기 자신을 다스리는데 정성스럽고 절 실함이 이와 같으니 배움의 근본이라 할 것이다. 이 세 가지는 또 한 대대로 충신의 근본으로 삼는다."

또 혹자는 증자를 이렇게 말한다.

"참된 가르침이 모두 성인에게서 나왔으나 그 후 참된 것에서 멀어졌거늘, 오로지 그 폐단이 없는 것은 자사, 맹자, 그리고 증자에게서만 볼 수 있다. 단지 증자의 아름다운 말과 착한 행실이 세상에 모두 전해지지 않는 것이 애석할 뿐이다."

백 번 단련하는 금처럼

이태백이 산에서 10년 동안 공부를 하고 내려올 때다.

"이 정도면 내 공부도 어지간히 되었겠지."

원래 술을 좋아하는 그가 주막집을 그냥 지나칠 리 없었다. 산에서 내려오는 길에 주막 평상에 앉았다. 술을 한 사발 마시고 있노라니 옆에서 어떤 할머니가 한눈 한 번 팔지 않고 무언가 열심히 일을 하는 모습이 보였다. 궁금한 이태백은 그 일이 무언가 살펴보았다. 그런데 이게 웬일인가. 할머니가 마당에 쪼그리고 앉아서 쇠로 만든 절굿공이를 숫돌에 가는 것이 아닌가[→더러는 쇠 절굿공이가 아니라 도끼를 갈고 있었다고 하며 그래서 생겨난 말이 마부위침(磨斧爲針)이다]. 이태백은 매우 기이한 일이라 놀랍기도 하고 궁금하기도 했다.

"할머니 지금 무얼 하고 계십니까?"

"절굿공이를 갈아 바늘을 만들려고 하네."

"아니 쇠로 만든 절굿공이가 어떻게 바늘이 된단 말입니까?"

"언젠가는 바늘이 될 날이 있겠지."

이 소리를 들은 이태백은 깨닫는 바가 있었다. 그래서 10년으로는 공부가 부족하다고 여기고 내려오던 산길을 다시 올라가 마침내 학문을 완성했다. 〈당서(唐書)〉에 전하는 얘기다.

〈논어〉 '학이' 편에 비슷한 예화가 나온다.

하루는 자공이 공자에게 물었다.

"가난하면서 아부하지 않고 부자이면서도 오만하지 않다면 어떻겠습니까?"

공자가 답했다.

"훌륭한 일이다. 그러나 가난하면서도 도를 즐기고, 부자이면서도 예를 좋아함만은 못하느니라."

자공이 다시 물었다.

"그렇다면 〈시경〉에 '뼈와 상아를 다듬은 듯[→절차(切磋)]', '구슬과 돌을 갈고 간 듯[→(탁마琢磨)]'이라고 했는데 바로 이를 두고 일컫는 말이겠습니까?"

공자가 매우 흡족해서 말했다.

"자공아, 너야말로 더불어 시를 논할 만하구나. 가는 말을 가르쳤더니 오는 것까지 아는 것을 보니 말이다."

자공이 인용한 시구는 〈시경〉 '위풍(衛風)'에 나오는 구절이다. 절(切)과 차(磋)는 뼈와 상아를 다듬는 것을 말하고, 탁(琢)과 마(磨)는 구슬과 돌을 가공하는 것을 말한다. 여기서 나온 말로 학문이나 덕을 부단히 갈고닦는 것을 '절차탁마'라 한다.

〈열자〉 '탕문편(湯問篇)'에 비슷한 이야기가 또 있다. 북산(北山)에 우공(愚公)이라는 노인이 살고 있었다. 우공이 살고 있는 지역에 태행산(太行山)과 왕옥산(王屋山)이라는 거대한 산이 가로막혀 있어서 왕래가 불편하였다. 하루는 우공이 식구들을 모아놓고 말했다.

"너희들과 함께 힘을 합쳐 험한 산을 깎아 평지로 만들고 싶은

데 너희들 생각은 어떠냐?"

자식들은 일제히 찬성했으나 우공의 부인만이 반대했다.

"당신 나이 이제 90인데 무슨 힘이 있다고 태행과 왕옥 같은 큰 산을 파헤친단 말이오? 게다가 파낸 흙과 돌은 어떻게 처리할 거요?"

그러자 우공이 말했다.

"그 흙과 돌은 발해에 버릴 것이오."

결국 결정이 되어 우공은 산을 깎는 작업을 시작했다. 그러나 1년이 지나서야 겨우 북산과 발해 사이를 한 번 왕복할 수 있을 정도였다.

이웃에 사는 지수(智叟)가 딱하다는 듯 우공에게 말했다.

"참 영감님도 어리석기 짝이 없군요. 얼마 남지 않은 인생, 어찌 되지도 않을 일에 허비하십니까?"

이 말을 들은 우공이 도리어 딱한 표정을 지으며 지수에게 말했다.

"자네는 어찌 그리도 생각이 짧은가? 설사 내가 죽는다 하더라도 내 자손들은 남아 이 일을 계속할 터이니 언젠가는 평지가 되겠지."

지수는 대꾸하지 못하였다.

한편, 두 산의 주인인 사신(蛇神)은 산을 무너뜨리는 일이 계속되어서는 큰일이라 하여 천제(天帝)에게 아뢰었는데, 천제는 우공의 한결같은 심정에 감복하여 기운 센 신(神)인 과아 씨의 두 아들에게 명령하여 태행, 왕옥 두 산을 짊어지고 하나는 삭동(朔東) 땅에, 하나는 옹남(雍南) 땅에 옮겨다 놓게 했다. 그래서 그때부터

기주와 한수 남쪽은 언덕 하나 없는 평지가 되었다고 한다.

'우공이산(愚公移山)'은 이 이야기에서 유래되었으며, 아무리 큰일도 중도에 그만두지 않고 꾸준히 반복하면 결국 성사가 된다는 뜻으로 쓰인다.

마려당여백련지금 급취자비수양
磨礪當如百煉之金 急就者非邃養
시위자의사천균지노 경발자무굉공
施爲者宜似千鈞之弩 輕發者無宏功

갈고 닦음은 마땅히 백 번을 단련하는 금처럼 할 것이니 급하게 이루어지는 것은 깊숙한 수양이 아니다. 일을 함에는 마땅히 천균의 쇠뇌처럼 할 것이니 가벼이 하는 것은 큰 공이 아니다.

여기서 갈고 닦는다((→마려磨礪) 함은 마음을 수양한다는 뜻이다. 따라서, 수양(修養)할 때는 금을 단련할 때처럼 몇 차례 반복해서 하고, 일을 도모함에 있어서는 섣불리 판단하여 가벼이 움직이지 말고 행동을 무겁고 신중하게 하라는 얘기가 된다. 〈채근담〉에 나오는 말로, 이 역시 꾸준한 노력과 자기 연마를 강조한 글이라 할 수 있다.

다음은 북송 때의 한 관리 얘기다. 장괴애라고 하는 강직한 성품의 사또가 있었다. 어느 날 관아를 돌아보는데 한 구실아치가 창고에서 황급히 튀어나왔다.

"섰거라!"

이상히 여겨 조사를 해보니 상투 속에 엽전 한 닢이 감춰져 있었다. 엄히 추궁하자 창고에서 훔친 것임을 자백하였다. 즉시 형리에게 명하여 곤장을 치게 했다. 그러자 구실아치가 원망하며 애원했다.

"나리, 고작 엽전 한 닢일 뿐인데 너무 과하지 않습니까?"

그러자 장괴애는 더욱 노하여,

"네 이놈, 티끌 모아 태산[→진적위산(塵積爲山)]이라는 말 모르느냐? 한 닢이 천 일이면 천 닢이요, 물방울도 끊임없이 떨어지다 보면 돌에 구멍을 뚫기 마련이다[→(수적천석水滴穿石)]!"
하고는 목을 쳐 버리고 말았다.

물방울이 돌멩이에 구멍을 뚫는다는 뜻의 '수적석천(水滴石穿)'은 새끼줄도 톱을 삼아서 오래 쓰면 나무를 자른다는 뜻의 '승거목단(繩鋸木斷)'과 함께 〈채근담〉에 보인다. 다음은 그 원문이다.

승거목단 수적석천
繩鋸木斷 水滴石穿
학도자 수가력색
學道者 須加力索
수도거성 과숙체락
水到渠成 瓜熟締落
득도자 일임천기
得道者 一任天機

새끼줄도 톱을 삼아서 오래 쓰면 나무를 자르고

물방울도 오래 떨어지면 돌을 뚫는다.
도를 얻고자 하는 사람은 모름지기 힘써 찾기를 거듭해야 한다.
물이 모이면 도랑이 되고
오이는 익으면 꼭지가 떨어지나니
도를 얻으려는 사람은 하늘을 따를 뿐이다.

진인사대천명(盡人事待天命), 최선을 다한 다음에는 하늘의 뜻을 기다리라는 말이다.

집중력

이광(李廣)은 한나라의 성기인(成紀人)이다. 문제(文帝) 때에 흉노를 토벌하여 공을 세워서 상시(常侍)가 되고, 활을 잘 쏘아서 흉노가 두려워하여 비장군(飛將軍)이라 불렸다.

한 번은 이광이 사냥을 나가서 웅크리고 있는 호랑이를 발견하고 일발필살(一發必殺)의 신념으로 활을 당겼다. 화살은 명중했다. 그런데 호랑이가 끄떡하지도 아니하므로 가서 본즉 돌이었다. 그리하여 제자리로 돌아와서 다시 쏘아보았으나 끝내 화살촉이 돌에 박히지 않았다. 정신이 한군데로 모이지 않았기 때문이다.

이 일화에서 유래한 말이 '사석위호(射石爲虎)'다. 성심을 다하면 아니 될 일도 이룰 수 있다는 얘기다.

한편, 이광은 자기가 부임한 군에 호랑이가 나타났다고 들으면 언제나 자신이 직접 쏘아 잡았다. 우북평군으로 부임하면서도 호랑이를 쏘았는데, 호랑이가 달려들어 이광에게 상처를 입혔으나 결국은 그 호랑이를 쏘아 죽였다. 적을 만나면 용감하고, 사졸들에게는 인애(仁愛)로우며, 호령은 명쾌하여 부하 장졸(將卒)들이 감복했다.

그는 뒤에 대장군 위청(衛靑)을 따라 흉노를 치게 되었다. 이광의 부서는 전위장군(前衛將軍)이었는데, 위청은 이광이 연로하고 불운하다는 이유로 선우와 맞서게 해 주지 않았다. 마음속으로 원한과 분노를 품은 채 출발했으나 안내자가 없어 헤매다가 길을 잃고 대장군과 합류할 시간에 늦었다. 막부(幕府)에서 조사하게 되자 이광은 부하들에게 말했다.

"나는 소시 때부터 흉노와 대소 70여 전을 겪었다. 이번에 다행히 대장군과 출격해서 접전하려 했는데 대장군이 나의 부서를 옮겨 먼 길을 우회케 되어 길을 잃게 되었다. 이것이 천명이 아니겠는가?"

그는 결국 스스로 목을 찔러서 죽었다. 비장하면서도 장쾌한 삶이라 아니 할 수 없다.

훗날 사마천은 〈사기〉 '이장군전(李將軍傳)'에서 이렇게 쓰고 있다.

"이광은 키가 크고, 원비(猿臂)였다. 그가 활을 잘 쏜 것도 또한 천성이다."

'원비'라 함은 원숭이처럼 팔이 길다는 말이다. 원숭이처럼 팔이 길면 활을 당겨 쏘기에 대단히 유리할 것이므로 이런 이야기가 전해지는 것 같다.

비슷한 이야기가 〈한시외전(韓詩外傳)〉에 전한다. 초(楚)나라의 웅거자(熊渠子)란 사람이 역시 호랑이인 줄 알고 쏜 화살이 화살깃까지 묻힐 정도로 돌에 깊이 박혔다[→사석음우(射石飮羽)]는 이야기다.

면벽구년

면벽구년(面壁九年)이라는 말이 있다. 고승 달마(達磨)가 산중에서 9년 동안 벽을 바라보고 앉아 정진한 끝에 마침내 도를 깨우쳤다는 고사에서 나온 말로 오랜 세월 동안 오직 한 곳에 집중하여 노력과 정성을 다하다 보면 이루지 못할 것이 없다는 의미다. 이 말은 또 마음을 다스리고 바로 보아 그 본질에 도달하고자 하는 끊임없는 노력을 표상하기도 한다.

산에서 흐르는 물이 바위를 뚫는다는 뜻의 '산류천석(山溜穿石)'이나 앞서 거론한 사석위호(射石爲虎) 마부위침(磨斧爲針) 우공이산(愚公移山) 수적천석(水滴穿石) 등은 모두 비슷한 교훈을 담고 있다.

달마는 어떤 인물일까? 그는 원래 인도의 브라만 계급 출신으로 포교를 위해 중국에 들어왔다가 깨달음을 얻어 중국의 선(禪)불교 사조가 된 인물이다. 선종은 참선을 위주로 진리를 깨치는 종파로 참선이란 '고요한 중에 명상에 잠기는 것'으로 '정려(靜慮)'라고도 한다. 〈육조단경(六祖壇經)〉 '신승전(神僧傳)' 등 여러 불교의 여러 경전에서 그의 행적을 찾아볼 수 있다. 여기에 달마 대사와 참선에 관한 일화를 한 편 소개해 본다.

면벽 9년 후, 깨달음을 얻은 달마가 인도로 떠나기 전에 제자들을 불러 말했다.

"때가 왔으니 그동안 각자 수행을 통해 이룬 것을 말해 보도록 해라."

도부(道副)가 말했다.

"진리란 문자에 집착하는 것도 아니고 문자를 떠나는 것도 아닙니다. 다만 도를 깨닫는 도구로서만 기능을 할 뿐입니다."

달마가 말했다.

"너는 내 가죽을 얻었다."

총지(聰持)가 말했다.

"진리란 한 번은 볼 수 있어도 두 번 다시는 볼 수 없는 것입니다."

달마가 말했다.

"너는 내 살을 얻었다."

도육(道育)이 말했다.

"진리란 본래 공허한 것, 깨우칠 만한 법(法)이란 존재하지 않습니다."

달마가 말하기를,

"너는 내 뼈를 얻었다."

혜가(慧可)가 나섰다. 그러나 그는 아무 말 없이 잠자코 서 있다가 물러났다.

달마가 말했다.

"너야말로 나의 골수(骨髓)를 얻었다."

달마의 뛰어난 제자 중에 그 첫 번째로 꼽는 사람이 바로 혜가다. 그 혜가와 달마에 얽힌 일화다.

달마가 소림사에서 면벽 9년의 수행을 하고 있었다. 이때 남쪽에 있던 혜가(慧可)가 찾아왔다. 혜가는 진리 탐구에 열을 올리다가 결국 최후의 난관에 부딪혀 자기의 마지막 길은 달마를 만나는 길밖에 없다고 생각했다. 9년 동안 절간에서 엉덩이가 뭉개지도록 앉아 있는 달마만이 자기를 깨우쳐 줄 것으로 믿었던 것이다. 그러나 달마는 혜가를 만나고 싶지 않았다. 죽어도 스스로 깨우칠 일이지 왜 찾아오느냐는 뜻이었다.

3일 동안 문전에서 합장하고 달마가 문을 열기만 기다리는 동안 눈이 내려 허리까지 찼다. 더 이상 버틸 수가 없었다. 마지막 남은 것은 진리를 위해 자기의 생명을 바치는 일뿐이었다. 드디어 비수를 꺼내 자기의 왼팔을 잘랐다. 왼팔이 떨어지는 순간 달마의 문이 열렸다.

"무엇 때문에 팔을 자르면서까지 야단을 떠느냐."

"마음이 괴로워서 그랬습니다."

"그렇다면 내가 아무런 괴로움이 없는 마음으로 만들어 줄 터이니 너의 마음을 이리 내놓아라."

혜가는 신이 났다. 그러고는 곧 마음을 찾았다. 그런데 마음이란 게 어디에고 있지 않아서 줄 도리가 없었다. 이날이 바로 동지(冬至)였다고 한다.

이 이야기는 혜가가 달마의 의발을 전해 받은 것과 관련해서 다음과 같이 전해지기도 한다.

'수선(受禪)'이란 임금의 자리나 지도자의 자리를 이어받는 것을 말한다. 소림사에서 달마가 참선하고 있었다. 어느 날 혜가(慧

可)가 와서 가르침을 청했으나 달마는 면벽참선만 할 뿐 거들떠보지도 않았다. 계절이 바뀌어 눈이 오는 겨울이 되었어도 혜가는 물러서려 하지 않았다. 혜가의 집념에 마음이 움직인 달마가 이윽고 말했다.

"흰 눈이 빨갛게 변하여 쌓이면 그때 너를 제자로 삼겠다."

이 말을 되새기던 혜가는 빙긋이 미소를 지었다. 그러고는 자신의 왼쪽 팔을 칼로 싹둑 잘라 버렸다. 잘린 팔에서 선혈이 솟구쳐 땅에 쌓여 있는 눈을 빨갛게 물들였다.

혜가의 구도를 향한 결연한 의지에 감복한 달마는 그를 제자로 맞아들이기로 했다. 그렇게 제자가 된 혜가는 6년 동안 달마를 모셨고 선종의 제2대 조사가 되었다. 한 손으로만 합장하는 독특한 소림사 승려들의 합장법은 외팔이가 된 혜가 선사에게서 비롯되었다고 한다.

공자는 어떤 사람이었을까?

〈논어〉 '술이' 편에 공자 스스로 자신의 인물됨을 평한 대목이 나온다.

섭공 문공자어자로 자로부대 자왈 여해불왈 기위

葉公 問孔子於子路 子路不對 子曰 女奚不曰 其爲

인야발분망식 낙이망우 부지로지장지운이

人也發憤忘食 樂而忘憂 不知老之將至云爾

섭공이 자로에게 공자에 관해 물었는데 자로가 대답하지 않자, 공자가 말했다. "너는 어찌해서 '그 사람은 분발하면 끼니마저 잊고, 도를 행함을 즐거워하여 근심을 잊으니, 늙어가는 것도 모르는 사람'이라고 말하지 않았느냐?"

〈논어〉를 읽어가다 보면 몇 군데서 이와 비슷한 장면이 나오는데 절로 미소를 짓지 않을 수 없다. 본인에게 늘 엄격하고 제자들에게 항상 겸손할 것을 강조했던 공자가 '잘난 체'를 하고 있기 때문이다. 그런데 공자가 잘난 체하는 모습을 보면 왠지 기분이 좋아진다. 범접하기 어려운 성인이 아니라 인간적인 공자의 모습을 볼 수 있기 때문이다.

섭공(葉公)이라는 자가 자로(子路)에게 당신의 스승 공자라는 사람은 도대체 어떤 인물이냐고 물었을 때 자로는 아무런 대답도 하지 않았다. 그런 자로를 보고 답답했는지 공자가 스스로 치켜세우며 한마디 거들었다.

"자로야, 너는 어찌해서 섭공에게 깨닫지 못했을 때는 분발하여 먹는 것도 잊는[→발분망식(發憤忘食)] 사람이라고 말해 주지 않았느냐? 또, 도를 행함을 즐거워하여 근심을 잊으니 늙어가는 것조차 모르는 사람이라고 말해 주지 않았느냐?"

물론 이 말은 나도 이렇게 배우기에 힘쓰고 근심을 잊고 사니 너희들도 쓸데없는 데 한눈팔지 말고 더욱 정진하도록 하라는 가르침도 들어 있었을 것이다. 다른 제자라면 우회적인 표현으로 깨우쳐 주었을 텐데 우직한 자로한테는 직설적인 이 화법이 효과적이라고 생각했는지도 모른다.

섭공(葉公)은 초(楚) 나라 섭현(葉縣)의 원님 심저량(沈諸梁)이다. 자(字)는 자고(子高)인데, 감히 제멋대로 '공(公)'이라는 명칭을 사용해 썼다. 그런 섭공이 공자가 어떤 사람인지 알지도 못하므로 반드시 물어야 할 것이 있어서 물은 게 아니다. 그래서 자로(子路)가 대꾸하지 않은 것일 수도 있다. 그렇지 않으면 성인의 덕(德)을 실제로 무어라고 쉽게 말할 수 없었기 때문에 머뭇거린 것일 수도 있다.

"깨닫지 못했을 때는 분발하여 먹는 것도 잊고, 도의 이치를 깨달은 뒤엔 너무도 즐거워서 근심을 잊는다. 이 두 가지를 날마다 부지런히 힘쓰면서도 여생(餘生)이 조금밖에 남지 않았다는 것을 알지 못하고, 다만 스스로 배우기만 좋아한다."

　그러나 깊이 음미해 보면 공자처럼 지극하고도 순수한 도의 경지는 성인(聖人)이 아니면 미치기 힘든 것이다. 다만 배우는 사람들이 깊이 새겨 실천하고자 애써야 할 따름이다. 〈역경〉에 '천체의 운행은 건실하니 군자는 그것으로써 스스로 힘써 쉬지 않는다[→천행 건 군자이 자강불식(天行 建 君子以 自疆不息)']고 하여 이를 강조하였다.

오뚝이

형여인류류비진

刑如人類類非眞

인기불여차우인

人豈不如此偶人

백도천전환자립

百倒千顚還自立

자가능유자정신

自家能有自精神

모양은 사람이나 사람은 아니야.

그런데 사람은 어찌 이 오뚝이만도 못한가.

오뚝이는 백 천 번을 넘어지고 굴러도 다시 일어나니

스스로가 제정신 지닌 것을.

19세기 중엽 조선의 최영년(崔永年)이 엮은 '해동죽지(海東竹枝)'
에 수록된 민간의 노래다. 오뚝이는 사람 모양을 한 목우(木偶)로
사람이 이를 아무리 굴리거나 넘어뜨려도 다시 일어난다. 사람들
이 오뚝이를 귀엽게 여기는 것은 그 동작에서 칠전팔기(七顚八起)

또는 불요불굴(不撓不屈)의 강인한 정신을 배울 수 있기 때문이다.

오뚝이는 한자로 '부도옹(不倒翁)'이라고도 한다. 거듭된 실패와 좌절에도 불구하고 끝까지 분발, 노력한 부도옹 같은 인물 하나를 소개한다.

조선 세조 때부터 중종 때에 이르기까지 정권의 중심부에서 활약한 유자광(柳子光)이라는 간신이 있었다. 그는 서얼 출신으로 일찍이 경복궁 건춘문(建春門)을 지키던 갑사(甲士; 요즘의 수도방위군)였다. 그러던 그가 이시애(李施愛)의 난 때 공을 세워 병조정랑이 되자, 남이(南怡) 장군을 모함하여 죽인 후 익대공신(翊戴功臣) 1등에 더해 무령군(武靈君)으로 봉해지기까지 했다. 그 후 감히 한명회(韓明澮)를 모함하려다 도리어 파직을 당해 재산을 몰수당하고 공신을 삭탈 당했다. 그러나 그는 곧 현란한 처세술로 성종 주위 권신들의 환심을 얻는 데 성공하여 공신을 복직 받은 후 황해도 관찰사로 나갔다. 이후 연산군이 즉위하자 이른바 '조의제문(弔義帝文)' 사건―무오사화―을 터뜨려 다시 정권의 중심부에 자리 잡게 된다.

갑자사화 후 대간들의 탄핵으로 다시 권좌에서 밀려난 유자광은 중종반정 후 반정의 주역 성희안(成希顔)과의 친분으로 다시 정계에 복귀했다가 또다시 대간들의 탄핵을 받아 유배되어 귀양지에서 죽었다.

누가 그랬던가! 악인에게서도 배울 것은 있으니, 그 집요함과 철저함이라고. 비록 간신 모리배였다 하나 유자광의 권력에 대한 집착과 오뚝이 같은 처세술은 대단한 것이라고 아니할 수 없다.

불요불굴 不搖不屈

한나라 때 교현(橋玄)이라는 인물은 청렴결백하고 강직하기로 유명했다. 그는 매사에 공명정대하여 관직에 있을 때 부하의 잘못을 눈감아주는 일이 없었으며, 아무리 고관대작이라고 해도 비리가 발견되면 처벌을 상주하는 데 주저하지 않았다.

어느 날 교현의 어린 아들이 강도들에게 붙잡혀 가는 사건이 발생했다. 교현 수하의 장수가 즉시 병사를 이끌고 구출하러 달려갔다. 하지만 병사들은 상관의 어린 아들이 다칠 것을 우려하여 포위만 하고 있을 뿐 감히 손을 쓰지 못하였다. 이에 교현이 호통을 쳤다.

"세상을 어지럽히며 날뛰는 무리들을 앞에 두고 어찌 사사로이 아들의 안위를 돌보고자 한단 말인가."

교현의 질타에 병사들이 손을 써 강도들은 모두 붙잡았으나 교현의 어린 아들은 그만 살해되고 말았다. 이 일이 알려지자, 사람들은 혀를 차면서도 교현을 더욱 존경하게 되었다.

"백 번 꺾일지언정 휘어지지 않았고, 큰 절개에 임하여서는 빼앗을 수 없는 풍모를 지녔다[→유백절불요, 임대절이불가탈지풍(有百折不撓, 臨大節而不可奪之風))"

훗날 채옹은 '태위교공비(太尉喬玄碑)'라는 비문을 지어 교현의 인품을 칭송했다. 여기서 유래하여 백절불요는 어떠한 어려움에도 좌절하지 않는 불굴의 정신을 뜻하는 고사성어로 쓰이게 되었다.

비슷한 성품을 성품으로 전한(前漢) 성제(成帝) 때 왕상(王商)이라는 인물이 있었다.

어느 해 장안(長安)에 홍수가 들 것이라는 소문이 퍼지면서 혼란이 일어났다. 성제는 대책을 세우기 위해 중신들을 소집하여 의견을 물었다. 성제의 장인 왕봉(王鳳)은 조사도 해보지 않고 시급히 피할 것을 주장하였다. 그러나 왕상은 헛소문이라며 끝까지 반대했다. 이후 헛소문임이 드러났고 성제는 왕상을 신임하게 되었다.

그런 왕상을 왕봉은 눈엣가시처럼 여기게 되었다. 그런데 또 어느 날 이번에는 왕봉의 일족 양융이라는 인물이 크게 실정하여 백성들이 도탄에 빠지는 사건이 발생했다. 이에 왕봉이 선처를 부탁했음에도 불구하고 왕상은 그를 처벌해야 한다는 뜻을 굽히지 않았고, 마침내 양융은 파면되었다.

후한의 사가 반고(班固)는 자신의 저서 〈한서〉에서 왕상의 인품을 이렇게 평하고 있다.

"왕상의 사람 됨됨이는 질박하고 성격은 불요불굴(不搖不屈)하다. 그래서 오히려 주위 사람들로부터 원한을 사게 되었다."

특히 공직에 있는 사람이 성품이 강직하여 공명정대한 뜻을 절대로 굽히지 않을 때 '불요불굴'이라는 표현을 쓰는데, 바로 왕상의 고사에서 유래한 것이다.

연마장양 鍊磨長養

목표한 바를 이루기 위하여 굳게 참고 견디어 마음을 빼앗기지 않는 것을 '견인불발(堅忍不拔)'이라고 한다. 비슷한 말로 '연마장양(鍊磨長養)'이라는 것이 있는데 그 뉘앙스가 조금 다르다. 굳게 참고 견디는 것은 같지만 그냥 참고 기다리기만 하는 것이 아니라 '갈고 닦으면서', 즉 무언가 준비를 하면서 적당한 때를 기다린다는 것이다. 다음은 이 두 가지를 모두 담고 있는 고사다.

주나라 경왕(敬王) 24년, 오왕 합려(闔閭)는 월왕 구천(九踐)과 싸우다가 월군의 계략에 걸려 패했다. 그때 합려는 적의 화살에 손가락을 다쳤는데, 패주하는 가운데서 충분한 치료도 하지 못하고 간신히 형이라는 곳까지 도망쳐 왔는데, 갑자기 상처가 악화하여 죽고 말았다.

임종 때 그는 태자 부차(夫差)에게 반드시 월에 복수하여 자기의 원수를 갚으라고 유언했다.

아버지의 뒤를 이어 오왕이 된 부차의 귀에는 항상 임종 때의 부친 유언이 들리는 것 같고, 눈에는 부친의 원통해하던 모습이 보이는 것 같았다. 그는 어떻게 해서든지 아버지의 원수를 갚고야 말리라는 굳은 결심으로 밤마다 섶 위에서 자며(臥薪), 부친의 유한(遺恨)을 새로이 하고는 복수의 마음을 칼날같이 했다.

그는 또 자기 방에 출입하는 사람에게는 반드시 부친의 유명을 소리 내어 말하게 하였다.

"부차여, 네 아비를 죽인 자는 월왕 구천임을 잊지 말라."

"예, 절대로 잊지 않겠습니다. 3년 안으로 반드시 복수하리다!"

부차는 그럴 때마다 이렇게 대답하였다. 이 말은 숨이 넘어가는 부친에게 한 말과 꼭 같은 말이었다. 이리하여 그는 밤이나 낮이나 복수를 맹세하고 오로지 병사들을 훈련해 때가 오기만 기다렸다.

월왕 구천은 부차의 결심을 듣고는 선수를 쳐서 오를 치려고 신하들의 간언도 듣지 않고 전쟁을 시작했다. 부차는 곧 이에 응전하여 두 나라의 군사는 오의 부초산에서 한바탕 결전을 벌였다. 그러나 월나라 군사는 부차의 굳은 복수의 일념으로 단련시킨 오나라 군사에게 역부족으로 크게 패하고 말았다. 구천은 남은 군사를 이끌고 간신히 외계산에 숨었다. 오군은 추격하여 그 산을 포위했다. 진퇴양난에 빠진 구천은 나라를 버리고 오왕의 신하가 되기를 약속하고 항복하였다. 싸우다 죽기는 쉬우나 죽으면 그만이다, 월을 다시 일으키기 위해서는 살아서 치욕을 참을 수밖에 없다는 신하들의 충언에 따른 것이었다.

월왕 구천을 항복시킨 오왕 부차는 승자의 금도(襟道)로써 구천을 용서했다. 구천은 고국에 돌아갈 수는 있었지만, 그 고국은 이제는 오의 속령(屬領)이요, 스스로 오왕의 신하 된 몸이다. 전에 부차가 섶 위에서 자며 죽은 부친의 유한을 되새겼듯이, 지금 구천은 항상 쓸개를 옆에 두고 앉아서나 누워서나 음식을 먹을 때나 그 쓰디쓴 맛을 핥으며(嘗膽), '회계의 치욕'을 되새겨 복수의 결심을 새로이 했다.

그는 스스로 논밭을 경작하고, 그의 부인은 스스로 베를 짜서 험한 옷, 험한 음식으로 만족하며 사람을 잘 써서 그들의 충언을 듣고 언제나 기운찬 생각으로 고난을 이기며 오직 국력의 재흥을 꾀했다. 그러나 복수는 쉽게 할 수 없었다. 구천이 회계산에서 오에 굴복한 지 12년 만에 오왕 부차는 황지 땅에 제후들을 모아놓고 천하의 승자가 되었다. 부차는 득의(得意)의 절정에 있었다.

그때 오랫동안 은인자중(隱忍自重)하고 있던 구천은 부차의 부재를 틈타 오를 침공했다. 구천은 오의 군사를 물리쳤으나 아직 결정적인 타격을 주지는 못했다.

그 후 4년 뒤 구천은 다시 오를 침공했다. 입택(笠澤)에서 월군은 오군을 쳐서 대승하고 각지에서 오군을 패주케 했다. 그리고 2년 후 다시 입택에 집결한 월군은 오의 서울 고서(姑蘇) 가까이 쳐들어가 다음 해엔 드디어 오왕 부차를 고서성에서 포위하여 항복을 받았다.

가까스로 회계산의 치욕을 씻은 구천은 부차를 용동(勇東) 땅으로 귀양을 보내어 거기서 여생을 지내도록 하려 했으나, 부차는 구천의 호의를 물리치고 깨끗이 자살했다.

구천은 다시 군사를 북으로 진군시켜 회하를 건너 제와 진의 제후와 서주에서 만나 오를 대신하여 천하의 패자가 되었다.

〈십팔사략〉, 〈사기〉 '월세가(越世家)' 등에 전하는 월왕 구천과 오왕 합려의 고사다. 여기서 유래한 말이 '와신상담(臥薪嘗膽)'으로, 뜻을 이루기 위해 온갖 괴로움을 견디며 참고 기다리며 준비하는 모습을 보여주는 대표적인 고사라 하겠다.

몸에 옻칠하고 숯불을 삼킨다

역사 속에는 복수를 위해 또는 원하는 바를 달성하기 위해 자기 몸과 마음을 내던진 인물들의 이야기가 매우 많다. 어떤 일이든 성취를 위해서는 초인적인 노력과 인내가 필요하다는 살아있는 교훈들이라고 할 수 있다. 앞서 와신상담이 그렇거니와 이를 갈고 팔을 걷어붙이며 벼른다는 뜻의 절치액완(切齒扼腕), 또 이를 갈며 속을 썩인다는 뜻의 절치부심(切齒腐心) 그리고 이제부터 소개하고자 하는 이야기, 몸에 옻칠하고 숯불을 삼킨다는 '칠신탄탄(漆身吞炭)'이 모두 그런 교훈을 담고 있는 고사다.

월왕 구천의 처지에서 볼 때 와신상담이 해피엔드로 끝을 맺은 것이라면 이 이야기는 슬픈 결말이라고 할 수 있다. 〈사기〉 '자객전(刺客傳)'에 전하는 한 편의 드라마 같은 얘기다.

춘추 말기에 진나라 왕실은 왕년의 패자다운 면목을 모조리 잃고 나라의 실권은 지백(知伯), 조(趙), 한(韓), 위(魏) 등의 공경(公卿)에게 건너가 버렸다. 그리고 공경들은 세력 다툼에 정신이 쏠려 있었다. 그 가운데서 가장 강력한 세력은 지백이었다. 그는 한과 위를 구슬려 조를 쳐부수자고 설득하여 드디어 싸움을 벌였다.

이에 대항하여 조나라 양자(襄子)는 진양에 진을 치고 항복하지 않고 버텼다. 지백은 마침내 진양성을 물로 공격하여 승리를 눈앞에 두었다. 그런데 함락 직전 한과 위 양군이 반기를 드는 바람에 도리어 죽임을 당하고 말았다.

지백의 신하 중에 예양(豫讓)이란 자가 있어서 지백이 죽은 후 원수를 갚으려고 조나라 양자의 생명을 노렸다. 맨 먼저 예양은 죄수처럼 몸을 파리하게 만들어 궁전의 미장 공사에 섞여 들어갔다. 그러고는 양자가 뒷간에 들어갔을 때 찔러 죽이려다가 붙들렸다. 무엇 때문에 이런 짓을 했느냐고 까닭을 물었을 때 예양은 이렇게 대답했다.

"지백은 나를 국사로 대접해 주었다. 따라서 나도 국사로서 보답하려 한 것이다."

양자는 그를 충신이요, 의사라 하여 그 죄를 용서해 주었다.

그러나 그 후에도 예양은 복수의 귀신처럼 양자를 죽이기 위해 기회를 엿보았다. 예양은 상대에게 몸을 속이기 위해 몸에 옻칠하여 문둥병자처럼 하고, 숯을 삼켜 벙어리가 되어(몸에 옻을 칠하면 옻이 올라 나병환자같이 되고, 숯을 먹으면 목소리가 찌그러져서 농인같이 된다) 거리에서 구걸하며 양자의 동정을 살폈다. 그의 모습은 너무나 변해서 그의 아내도 그를 알아보지 못했다고 한다. 단 한 사람, 그의 친구가 그를 알아보고 조용히 권했다.

"원수를 갚는 것도 달리 편한 방법이 있지 않겠는가. 가령, 양자의 신하가 되어 기회를 엿보는 것이 더 좋을 것이네."

그러나 예양은,

"그건 역시 두 마음을 갖는 일이야. 내가 하려는 일이 아무리 어렵다고 해도 후세 사람에게 두 마음을 먹지 않는다는 것이 어떤 것인가를 보여주고 싶네."

라고 말하고 여전히 복수의 기회를 노리고 있었다.

　어느 날, 다리 밑에 숨어서 그곳을 지나게 되어 있는 양자를 기다리고 있었다. 양자가 다리목 가까이 오자 말이 걸음을 멈추고 나아가지 않았다. 이상히 생각한 양자가 부하들을 시켜 사방을 수색하여 거지꼴을 한 예양을 찾아냈다. 양자는,

　"그대는 이미 옛 주인에게 할 일은 다한 셈이요, 나도 그대에게 충분히 예를 다했다고 생각하는데, 여전히 내 목숨을 노리니 이제는 용서할 수 없다!"

고 하고, 부하를 시켜 죽이라 했다. 예양은 마지막 소원이라며 양자에게 입고 있는 의복을 잠시 빌려 달라고 했다. 양자가 윗옷을 벗어 주니 예양은 품에서 비수를 꺼내어 그 옷에 덤벼들기를 세 번,

　"지백님! 이제 원수를 갚았사옵니다."

하고 소리치고는 비수로 목을 찔러 스스로 목숨을 거두었다.

하늘이 미워하는 것

정사무심요복 천즉취무심처 유기충

貞士無心徼福 天卽就無心處 牖其衷

섬인저의피화 천즉취저의중 탈기백

憸人著意避禍 天卽就著意中 奪其魄

가견 천지기권최신 인지지교하익

可見 天之機權最神 人之智巧何益

곧은 선비는 복을 구하는 마음이 없는지라 하늘은 곧 마음 없는 곳을 찾아가 복의 문을 열어 주고, 간사한 사람은 재앙을 피하려고 애쓰는지라 하늘은 곧 그 애쓰는 속으로 뛰어들어 그의 넋을 빼앗는다. 이 하늘의 권능이 얼마나 신묘한가. 인간의 잔꾀가 무슨 소용 있겠는가.

많이 들어본 말이다. 하늘의 도움을 바라지 마라. 마음을 비우고 성심을 다하다 보면 저절로 하늘이 도울 것이다. 간사한 자는 화를 피하려고 하지만 하늘은 그 점을 더욱 밉게 보고 반드시 벌을 내린다. 하늘의 이치란 얼마나 오묘한가. 인간이 어찌 하늘의 이치를 거스를 수 있겠는가… 〈채근담〉에서 뽑은 글로, 지성(至誠)

이면 감천(感天)이니 진인사대천명(盡人事待天命)하고 경천승복(敬天承服)하라는 말이 되겠다.

지극한 정성에 하늘도 감동했다는 얘기가 여럿 전한다. 우리나라 옛 송도 지방에 차식이란 사람이 살고 있었다. 어릴 때부터 열심히 공부하여 시도 잘 지었으며 문장도 뛰어났다.

어느 날 갑자기 그에게 정종 대왕의 능인 후릉(厚陵)에 제사를 지내는 임시 벼슬이 주어졌다. 명을 받고 능에 가 보니 오랫동안 제대로 관리를 하지 않아서인지 잡풀이 무성하고 정자각이 허물어져서 비가 샐 정도였다. 몹시 애석해하며 능을 두루 살펴본 뒤 관리하는 노인에게 말했다.

"나라의 능이 이렇게 되어서야……."

이 말을 들은 노인이 말했다.

"종묘에서 위패를 옮긴 지 백 년이 넘었습니다. 1년 중 한식 외에는 제사를 지내지 않습니다. 제관도 없고 제물들도 보잘것없을 뿐더러 능을 지키는 사람도 없으므로 자연히 황폐해지지 않겠습니까?"

제사를 끝낸 그날 밤, 잠을 자다가 꿈을 꾸었는데 꿈에 내시가 왕명이라며 자기를 따라오라고 했다. 으리으리한 궁궐에서 임금을 뵙고 엎드렸다.

"그전에 온 사람들은 정성이 없더니 오늘은 정결하고 정성이 담긴 음식을 먹으니 기분이 매우 좋구나. 너의 어미가 몸이 아프다고 하니 내가 이 약을 주마. 너는 이제부터 복을 많이 받을 것이다."

꿈에서 깬 차식은 황공함을 이기지 못하고 있다가 날이 밝자 동구 밖으로 나갔다. 그때 매 한 마리가 날아가다 뱀장어를 떨어뜨렸다. 꿈이 생각나서 어머니께 끓여드렸더니 병이 말끔히 나았다. 차식은 후에 군수에까지 오르고 그의 두 아들도 높은 벼슬을 했다.

다음은 〈성수패설(醒睡稗說)〉에 전하는 얘기다.

어떤 이름이 높은 벼슬아치가 임금에게 죄를 지어 먼 곳으로 귀양살이를 떠나는 길에 그의 아내가 물었다.

"이제 떠나시면 어느 때에 돌아오시겠소?"

"알 위에 알을 포갤 수 있다면 모르겠거니와 그렇지 못하면 죽어서 돌아올 것이오."

벼슬아치는 침통한 표정을 지으며 대답했다.

그가 떠난 뒤 그의 아내가 달걀 둘을 소반 위에 놓고 밤낮으로 빌었다.

"달걀아, 포개져라."

하지만 달걀을 올려놓으면 곧 떨어지니 애통한 소리를 낼 뿐이었다.

어느 날 임금이 미복(微服)으로 미행(微行)하다가 그 집 창밖에 이르러 축원하는 소리를 듣고 내전으로 돌아왔다. 그러고는 사람을 시켜 그 곡절을 탐지하고는 그녀의 치성을 측은하게 여겨 죄인을 석방하도록 하였다. 그러고는 석방된 죄인을 면전에 놓고 물었다.

"네가 석방된 이유를 아느냐?"

"천은(天恩; 임금의 은혜)이 망극할 뿐이옵니다."

임금이 웃으며 말했다.

"그렇지 않다. 알 위에다 알을 포개었기 때문이다."

큰 모양은 형체가 없다

성기만경종량 일세지연화무애

聲妓晚景從良 一世之胭花無碍

정부백두실수 반생지청고구비

貞婦白頭失守 半生之淸苦俱非

어운 간인지간후반절 진명언야

語云 看人只看後半截 眞名言也

기생도 늘그막에 한 남편을 따르면 평생의 연분이 꺼릴 것 없고, 수절한 부인이더라도 백발이 된 후에 정절을 잃으면 평생의 맑은 고절(苦節)의 보람이 없다. 속담에 사람을 보려거든 후반생을 보라고 하였으니 명언이 아닐 수 없다.

시작은 좋은데 끝이 좋지 못하면 아무런 의미가 없다는 말이다. 뒤집어서 얘기하면 시작은 좋지 않아도 늦게라도 성취가 있으면 그로써 족하다는 말이다. 달리 표현하여 그 사람을 평하려거든 관 뚜껑을 덮고 하라(→蓋棺事方正)는 말도 있다. 일은 결과를 놓고 평하고 사람은 말년(末年)을 보고 평하라는 말이다.

그런데, 이런 말들은 단지 처음과 끝을 얘기하는 것이 아니다.

삶 전반의 자세와 태도에 대한 충고다. 즉, 일을 성취함에 너무 조급해하지 말고 멀리 미래를 바라보면서 초지일관 노력하는 자세를 잃지 말라는 것이다. 대기만성(大器晚成)이라고 했다. 큰 그릇은 오랜 시간과 큰 노력을 들인 뒤에야 완성될 수 있다는 뜻이다. 〈노자〉에 나오는 말이다.

"위대한 사람은 도를 들으면 이를 실천하고, 보통 사람들이 도를 들으면 반은 믿고 반은 믿지 않는다. 그리고 못난 사람들은 도를 들으면 아예 들을 생각도 하지 않고 비웃기만 할 뿐이다. 옛사람도 말했듯이 밝은 길은 어두워 보이고, 앞으로 나아가는 길은 뒤로 물러나는 길로 보이며, 평탄한 길은 험하게 보인다. 높은 덕은 낮게 보이며 참으로 흰 것은 더럽게 보인다. 넓은 덕은 좁아 보이며 견고한 덕은 약한 것처럼 보인다. 변치 않는 덕은 변해 보이며 크게 모난 것은 귀퉁이가 없고 큰 그릇은 늦게 이루어진다. 또한 큰소리는 울림이 잘 들리지 않고 큰 모양은 형체가 없다."

원래 지극히 현명한 사람은 우둔해 보이며, 진짜 위대한 사람은 작고 보잘것없이 보이는 법이다. 따라서 '대기만성'의 원래 뜻은 큰 그릇은 덜 된 것처럼 보인다는 뜻이지만, 요즘에는 큰일일수록 시간이 오래 걸린다는 뜻으로 쓴다.

삼국이 세력을 다투던 때에 위나라에 최염(崔琰)이라는 유명한 장군이 있었다. 그는 목소리나 허우대가 커서 대인의 품격이 있었다. 수염의 길이가 넉 자나 되고, 왕의 신임이 또한 두터웠으니, 아무튼 상당한 인물이었던 모양이다.

그런데 이 최염의 사촌 아우에 임(林)이란 사람이 있었다. 보기에 그다지 영리한 것 같지 않았기 때문인지 도무지 명성이 오르지 않고, 친척들도 그를 못난이로 여겨 무시했었다. 그러나 최염만은 그 인물을 알아보고 있었다.

"큰 종이나 큰 가마솥은 쉽게 만들어지지 않는다. 그와 마찬가지로, 큰 재능은 쉬 나타나는 것이 아니다. 완성되기까지에는 아무래도 시간이 걸린다. 임도 이같이 대기만성 패일 것이다. 두고 보라. 끝에 가서는 반드시 큰 인물이 될 테니……."

최염의 말처럼 임은 뒤에 삼공이 되어 천자를 보좌하는 큰 임무를 다하는 훌륭한 인물이 되었다.

또 후한 초기 때, 부풍무릉(扶風茂陵)에 마원(馬援)이라는 무장이 있었다. 처음에는 전한의 천하를 빼앗아 신(新)이란 나라를 세운 왕망(王莽)을 섬기다가, 그가 죽은 후로는 후한의 광무제를 섬기면서 가끔 공을 세워 복파(伏波)장군에 임명되었다. 복파장군이란 전한의 무제 이래 큰 공을 세운 장군에게 주는 지위였다. 그리고 인도차이나의 반란을 평정하여 각처에 후한의 위세를 떨친 표적으로 구리기둥을 세웠다. 만년에 흉노 오환을 정벌하러 출정했는데 불행히 진중에서 죽었다.

이 명장 마원이 일찍이 시골 전답을 관할하는 관리가 되어 떠나기 전에 형에게 인사를 하러 갔다.

"너는 소위 대기만성형의 인물이다. 솜씨 좋은 목수는 산에서 잘라 온 깎지 않은 재목은 절대로 남에게 보여주지 않고 자기 생각대로 물건을 만든다. 너도 자기의 개성을 살려 세월이 지나면 큰 인물이 될 것이다. 부디 잘해 보아라."

이 충고를 명심해 들은 마원은 뒷날 과연 역사에 남은 유명한 인물이 되었던 것이다.

그는 친구에게 늘 이렇게 말했다고 한다.

"대장부라는 자는 뜻을 품었으면 어려울수록 굳세어야 하며 늙을수록 건장해야 한다[→대장부위자 궁당익견 노당익장(大丈夫 爲者 窮當益堅 老當益壯)]."

여기서 나온 말이 바로 '노당익장(老當益壯)' 즉 노익장이다. 〈삼국지〉'위지(魏志)', '최염전(崔琰傳)', 〈후한서〉'마원전(馬援傳)' 등에 전하는 얘기다.

〈한비자〉에 비슷한 얘기가 또 전한다.

초나라의 장왕(莊王)이 즉위한 지 삼 년이 지났는데도 정사에 별로 관심을 보이지 않았다. 보다 못한 관리 하나가 나서서 장왕을 깨우쳤다.

"새 한 마리가 남쪽 언덕에 살고 있습니다. 그런데 3년이 지나도록 날지 않고 또 울지도 않습니다. 이런 새를 무어라 부르시겠습니까?"

"그 새가 3년 동안이나 날아오르지 않는 것은 날개의 힘을 기르기 위해서요, 울지 않는 것은 주위를 살피기 위해 그러는 것이오. 하지만 일단 날기 시작하면 하늘 높이 치솟아 오를 것이며, 한 번 울면 세상 사람들을 모두 놀랠 것이오. 경의 뜻은 알겠으나 조금만 더 두고 보시구려."

그의 말은 틀리지 않았다. 반년이 지나자 정무에 나서서 일을 처리하는데 엄정하고 예리했다. 불필요한 법령 열 가지를 폐지했고 대신 아홉 가지 법령을 새로 제정했다. 또 무능한 중신 여섯 명을 파면하고 여섯 명의 현자를 새로 등용하여 혁신을 꾀했다. 그런 다음 제나라와 싸워 크게 이기고 진(晉)나라를 패퇴시켰으며 여세를 몰아 뭇 제후들을 굴복시키고 맹주가 됨으로써 마침내 천하의 패권을 손에 넣었다.

　장왕의 눈부신 패업은 그가 눈앞의 작은 이익을 취하지 않고 대의를 위해 나날이 힘을 축적한 결과라고 할 수 있다. 그래서 노자는 '큰 그릇은 쉽게 만들어지지 않으며, 큰 소리는 자주 나지 않는 법[→대기만성 대음희성(大器晚成 大音稀聲)]'이라고 말한 것이다.

키워드
Key Word

노력

구일신 일일신 우일신(苟日新 日日新 又日新)

교언영색(巧言令色)

모언화 지언실(貌言華 至言實)

할계언용우도(割鷄焉用牛刀)

늑명고성(勒名考誠)

일일삼성오신(一日三省五身)

마부위침)磨斧爲針)

우공이산(愚公移山)

절차탁마(切磋琢磨)

승거목단 수적석천(繩鋸木斷 水滴石穿)

사석위호(射石爲虎)

면벽구년(面壁九年)

발분망식(發憤忘食)

자강불식(自疆不息)

불요불굴(不撓不屈)

견인불발(堅忍不拔)

연마장양(鍊磨長養)

와신상담(臥薪嘗膽)

절치부심(切齒腐心) ∥ 절치액완(切齒扼腕)

칠신탄탄(漆身吞炭)

진인사대천명(盡人事待天命)

개관사방정(蓋棺事方正)

노당익장(老當益壯)

대기만성(大器晩成)

발전

열심히 노력하면 당연하게 발전이 따라올 것 같지만 반드시 그런 것만은 아니다. 타고난 재능의 차이일 수도 있고 방법의 차이 때문일 수도 있다.

그렇다면, 열과 성을 다하여 각고의 노력을 기울였음에도 불구하고 진전이 없다면 어떻게 할 것인가?

혹자는 그 과정에 무게를 두어 성공한 삶으로 평가를 할 수 있을 것이며, 그러한 평가에 이론을 제기할 사람은 없다. 하지만 평가하는 대상이 우리 사회의 지도자라면 어떨까? 열심히 하기는 하는데 진전은 없는 사람, 그래서 제대로 실력을 갖추지 못한 사람을 선뜻 우리의 지도자로 뽑을 수 있을까?

무서운 이야기

세상에는 무섭고 두려운 것이 많다. 호랑이를 무서워하는 것을 비롯해 돈으로 피해를 보는 사람은 돈이 두려울 것이요, 가난을 모르는 사람은 가난이 두려울 것이다. 그런데 여기 정말로 무서운 것이 있다.

> **재여주침 자왈 후목불가조야**
> 宰予晝寢 子曰 朽木不可彫也
> **분토지장 불가오야 어여여 하주**
> 糞土之墙 不可杇也 於予與 何誅

재여가 낮에 잠을 잤다. 그러자 공자가 말했다. "썩은 나무에는 조각할 수 없으며, 거름흙으로 만든 담장에는 흙손질할 수가 없으니, 재여에게 더 이상 무엇을 꾸짖겠는가."

주침(晝寢)은 낮에 잠자는 것을 말하고, 후(朽)는 썩음, 조(彫)는 조각하는 것, 오(杇)는 흙손질을 말한다. 이런 사람은 뜻과 기운이 흐릿하고 게을러서 가르쳐도 소용이 없다는 것이다. 여(與)는 어조사, 주(誅)는 꾸짖음이다. 꾸짖을 것이 없다는 말은, 사실상 더욱 깊이 꾸짖은 것이다. 가망이 없다는 것이니 얼마나 무서운 말인가. 〈논어〉 '공야장' 편에 나온다. 공자의 무서운 경고는 여기에서 그치지 않는다.

자왈 년사십이견악언 기종야이
子曰 年四十而見惡焉 其終也已

공자가 말했다. "나이 40세가 되어서도 미움을 받으면 그것은 마지막이다."

사십 세는 덕을 완성해야 하는 시기다. 그리고 또 '불혹(不惑)'의 나이다. 이런 나이에 남에게 미움을 받으면 더 이상 볼 것이 없다는 것이다. 〈논어〉 '양화편'에 나온다.
그렇다면, 성인의 반열에 도달한 공자가 두려워한 것은 무엇이었을까? 후학들을 두려워했다. 어째서일까?

자왈 후생가외 언지래자지불여금야
子曰 後生可畏 焉知來者之不如今也
사십오십이무문언 사역불족외야이
四十五十而無聞焉 斯亦不足畏也已

공자가 말했다. "나보다 뒤에 태어난 후배들이 가히 두려운 존재가 될 만하다. 앞으로 그들이 지금의 우리만 못할 것이라고 할 수 있겠는가. 그러나 나이가 4~50이 되어도 훌륭하다는 소문이 들리지 않으면 이 또한 두려울 게 못 된다."

나보다 뒤에 태어난 사람들은 나보다 살아갈 날이 많다. 그리고 힘도 나보다 세거나 아니면 셀 것이다. 그러니 그들이 두려운 것이다. 그렇다고 해서 무조건 후배가 두렵다면 아랫사람이 두려워서 어떻게 교육하며 가르치겠는가. 후배가 두려운 것은 때가 있는 법이다.

후배의 나이가 4, 50세가 되었는데 세상에 아무런 한 일이 없다면 그런 후배는 그야말로 두려운 존재가 못 된다.

공자의 제자 증자(曾子)는,

"사람이 오십이 되도록 착하다는 소문이 나지 않는다면 영영 알려지지 못한다."

하였다. 후대의 학자는,

"젊어서 학문에 힘쓰지 않아 늙어서 세상에 알려짐이 없다면 또한 끝장이다."

하였다. 참으로 무서운 말이다.

사흘 동안 책을 읽지 않으면…

앞서 대기만성이라고 했지만 마냥 참고 기다리기만 하면서 시간을 보낼 수는 없는 일이다. 아니, 아직 목표로 하는 최종적인 결과에는 미치지 못했다고 하더라도 그 목표를 향해 나아가고 나날이 발전하는 모습 그리고 미래에 대한 가능성은 보여줘야만 하는 것이다.

선비 사흘 후면 다시 봐야 한다는 말이 있다. '괄목상대(刮目相對)'라는 것으로, 진정한 선비는 일로매진하기 때문에 사흘만 떨어져 있다가 다시 만나도 그 학식이나 재주의 깊이가 달라진다는 말이다. 이 말은 〈오지(吳志)〉'여몽전주(呂蒙傳注)' 편에 전한다.

삼국시대 오나라 손권(孫權)의 장수 중에 여몽(呂蒙)이란 사람이 있었다. 여몽은 글을 싫어해서 손권이 항상 글공부하라고 권했다. 여기에 힘을 얻은 여몽은 공부를 시작했다.

그런 다음 얼마 있다가 여몽과 노숙(魯肅)이 토론을 하게 됐다. 그런데 여몽의 학문이 전날과 달랐다. 노숙이 더불어 견줄 수 없을 만큼 여몽의 학식이 풍부해진 것이다. 노숙은 놀랐다.

"언제 그렇게 공부를 많이 했소? 옛날 여몽이 아닌데?"

여몽이 대답했다.

"그러니 선비를 사흘 동안 만나지 못했다가 다시 만날 때는 눈을 크게 뜨고 바라보아야 한다(→괄목상대; 刮目相對)는 것이오."

여몽은 그야말로 다시 봐야 할 만큼 학식이 풍부해져 있었다. 여몽은 노숙이 없을 때 노숙을 대신하여 손권을 보좌했다. 여몽은 손권에게 위나라 조조와 연락하여 촉나라의 관운장이 싸움에 나가고 성이 비어 있는 틈을 타서 관운장의 성을 들이쳐 관운장을 사로잡고 마침내 관운장을 죽음에 이르게 했다. 오나라의 기반이 튼튼해지기 시작한 것은 여몽의 현책(賢策)에 의해 이루어진 것이라고 해도 과하지 않다. '선비 사흘 후면 다시 봐야 한다'라는 말과 유사한 것으로 '사흘 동안 책을 읽지 않으면 말할 재미가 없다'라는 말도 있다.

옥은 쪼지 않으면
그릇이 되지 못한다

〈예기(禮記)〉에 나오는 유명한 문장을 하나 소개한다.

옥불탁(玉不琢)이면 불성기(不成器)요 인불학(人不學)이면 부지도
(不知道)라. 시고(是故)로 고지왕자(古之王者)는 건국군민(建國君
民)에 교학선학(教學先學)하니라. 수유가효(雖有佳肴)라도 불식(不
食)하면 부지기미(不知其味)야요, 수유지도(雖有至道)나 불학(不學)
하면 불지기선야(不知其善也)니라. 시고(是故)로 지부족(知不足)한
연후(然後)에 지부족(知不足)하고 교연후(教然後)에 지곤(知困)하니
라. 지부족(知不足)한 연후(然後)에 능자반(能自反)야요, 지곤연후
(知困然後)에 능자강(能自强)야니 고(故)로 왈(曰) 교학상장(教學相
長)야니라.

옥은 쪼지 않으면 그릇이 되지 못하고, 사람은 배우지 않으면 도를
모른다. 이런 까닭으로 옛날에 왕이 된 자는 나라를 세우고 백성들
에게 임금 노릇을 함에 교와 학을 우선으로 삼았다. 비록 좋은 안주
가 있더라도 먹지 않으면 그 맛을 알지 못하고, 비록 지극한 도가 있
더라도 배우지 않으면 그 좋음을 모른다. 이런 까닭으로 배운 연후
에 부족함을 알고 가르친 연후에야 막힘을 알게 된다. 부족함을 안

연후에 스스로 반성할 수 있고, 막힘을 안 연후에 스스로 힘쓸 수 있으니, 그러므로 말하기를, "남을 가르치는 일과 스승에게서 배우는 일이 서로 도와서 자기의 학업을 증진시킨다."라고 한다.

이 글의 요지는 제일 첫 문장과 마지막에 있다. 즉, 옥돌은 다듬지 않으면 그릇이 되지 못하고 사람이 배우지 않으면 도를 알 수가 없게 된다. 옥돌을 다듬는 사람은 누구인가. 바로 스승이다. 그런데 옥돌을 다듬는 일은 스승의 힘만으로는 되지 않는다. 마지막 구절은 가르치는 일과 배우는 일이 모두 스승과 제자의 정진에 이바지함을 깨우쳐 주고 있다. 교권 부재의 시대에 사제가 더불어 가슴에 새길 말이다.

뒤 발자국과 앞 발자국

〈호곡만필(壺谷謾筆)〉은 조선 숙종(肅宗) 때의 문신 남용익(南龍翼)이 편찬한 시문집이다. '호곡(壺谷)'은 그의 호이다. '호곡만필'엔 문학평론가로서 '지봉유설(芝峰類說)'로 유명한 이수광(李晬光)과 그의 아들 이민구(李敏求)를 평한 글이 있어서 소개해 본다.

 이지봉(李芝峯)은 일생 당나라 사람들의 한아(閑雅)하고 담박(淡泊)함, 온화하고 고아(高雅)함을 두루 전공하여 글귀들이 모두 아름답고 경구들은 많으나 문장에 힘이 없다. 또한 그 아들 관해(觀海; 이민구의 호)는 명나라의 시를 숭상하여 조격(調格)이 있어서, 어떤 것은 과조(跨竈)라고 할 수 있으나 조예(造詣; 학문이나 예술, 기술 따위의 분야에 대한 지식이나 경험이 깊은 경지에 이른 정도)는 따라가지 못한다.

 여기서 '과조'란 좋은 말은 뒤 발자국이 앞 발자국보다 더 앞서서 땅에 박힌다는 뜻으로, 아들이 아버지보다 낮다는, 즉 청출어람(靑出於藍)과 같은 뜻의 말이다.
 〈한서〉 '효성제기(孝成帝紀)'에 보면,
 "말세에 와서 이단(異端)이 쏟아져 나와 제자(諸子)들의 조예

제2장·발전 **139**

(造詣)가 대륜(大倫)을 어지럽히니, 사람들이 자기네들의 뜻을 멋대로 떠들게 되었다.”

라고 나와 있다. ‘청출어람(靑出於藍)’은 푸른색은 쪽에서 났지만 쪽보다 더 푸르다는 말로 제자가 스승보다 더 훌륭한 경우를 이른다. 〈순자(荀子)〉에,

“군자가 말하기를 학문은 그만둘 수 없는 것이다. 청색은 쪽 풀에서 나왔으나 쪽 풀보다 푸르고…”

하였다. 한편으로, 송나라 혜홍(惠洪)이라는 사람이 지은 〈냉재야화(冷齋夜話)〉라는 책에 ‘환골탈태(換骨奪胎)’라는 말이 나온다. 선가(仙家)의 연단법에서 유래한 것으로 ‘뼈를 바꾸고 태를 빼낸다’라는 뜻이다. 흔히 얼굴이나 외모가 몰라볼 정도로 아름다워진 경우를 이른다. 또, 남의 문장이나 시를 교묘히 활용하여 더욱 완벽하게 지어낸 것을 비유하기도 한다. 북송의 시인 황정견(黃庭堅)은 이 말을 빌려 다음과 같은 문학론을 펼치고 있다.

“시의 뜻은 무궁하나 사람의 재주에는 한계가 있다. 한계가 있는 재주로 무궁한 뜻을 좇는 것은 도연명이나 두보도 할 수 없는 일이다. 그러나 뜻을 바꾸지 않고 그 말을 만드는 것은 가능하다. 이것을 환골법(換骨法)이라 한다. 또, 그 뜻을 본받아 이를 형용하는 것을 탈태법(奪胎法)이라 한다.”

쉽게 말해 선배 문인들의 작품을 끌어다가 이를 적절히 변용하여 자기 작품으로 승화시키는 것이다. 환골법이나 탈태법을 잘 구사하려면 선인들의 작품을 많이 알고 기왕에 전해 내려오는 자료를 많이 수집하여 두루 섭렵해야 함은 물론이고 항상 자구를 다듬는 일에 정진해야 한다. 이에 소홀하면 자칫 단순한 모방이나 표

절에 빠지기 쉽기 때문이다.

학문도 마찬가지다. 하늘 아래 새로운 학문을 일으킨다는 것이 어디 쉬운 일인가. 스승의 가르침에 제자의 깨달음을 더하여 새로운 경지를 개척하는 것, 이를 위해 부단히 노력하는 것이 곧 진보의 원천이 아니겠는가.

키워드
Key Word

발전

분토지장 불가오야

糞土之墻 不可杇也

자왈 년사십이견악언 기종야이

子曰 年四十而見惡焉 其終也已

후생가외(後生可畏)

괄목상대(刮目相對))

옥불탁 불성기 인불학 부지도

玉不琢 不成器 人不學 不知道

교학상장(敎學相長)

과조(跨竈)

청출어람(靑出於藍)

환골탈태(換骨奪胎)

제3강

수련과
성찰을
통한
자기계발

리더(leader)와 팔로워(follower)의 차이는 무엇일까? 고래로 시대를 이끈 지도자들은 하나같이 학문과 독서에 매진하였으며, 뼈를 깎는 수련과 자기반성을 통해 깨달음을 얻고 삶과 시대의 흐름을 읽어나갔다. 그들은 어떻게 자신을 담금질하였을까?

제1장

인재와 둔재

인재와 둔재는 실상 그 경계를 명확히 하기가 어렵다. 똑같은 재주나 실력도 그것을 쓰이는 장소나 시간 또는 주인에 따라서 그 가치 판단이 달라지기 때문이다.

인재를 가리려면
7년을 기다려야 한다

'연석(燕石)'이란 말이 있다. 연산 지방에서 나는 돌인데 쓸데없는 돌멩이란 말이다. 그 사연은 '태평어람(太平御覽)'에 실려 있다.

송나라에 어리석은 사람이 있었다. 그 사람은 오대(梧臺)의 동쪽에서 연석을 주워 가지고 돌아와 이게 웬 보석인가 하며 깊이깊이 간직했다. 그러자 주객이 그 소문을 듣고 쫓아와 보여 달라고 했다. 어리석은 사람은 마치 무슨 보물단지를 대하듯 신중한 예를 갖추고는 열 겹으로 싼 가죽 상자를 꺼내 왔다. 그 상자는 다시 열 겹의 비단으로 싸여 있었다. 그는 정중하게 상자를 열었다.

돌멩이를 살펴본 주객은 껄껄 웃었다.

"이것은 연석으로 흔하디흔한 기와 조각이나 벽돌과 다를 바가 없다."

시옥요소삼일만
試玉要燒三日滿
변재수대칠년기
辨材須待七年期

옥돌을 시험하려면 꼬박 사흘은 태워 보아야 하고, 인재를 가리려면

7년은 기다려야 한다.

당나라 시인 백거이(白居易)가 '방언(放言)'에서 한 말이다. 옥돌은 보석의 일종이다. 귀하기 때문에 값도 비싸다. 그런데 옥돌의 진가나 품질의 고하를 가리는 데에는 거기에 합당한 방법과 시간이 필요하다. 옥돌의 진가나 품질의 고하를 가리는 데에만도 사흘이 필요하다 하였으니, 사람의 품성이나 능력을 제대로 가려내기란 그보다 훨씬 더 어렵고 거기에 들이는 시간도 훨씬 더 길어야 한다는 얘기다.

장석(匠石)이라고 하는 유명한 목공이 있었다. 장석이 제나라로 가다가 지신(地神)을 모신 사당에 버티고 서 있는 엄청나게 큰 상수리나무를 만나게 되었다. 그 나무가 하도 크고 장관이어서 많은 사람이 모여 있었다. 그러자 장석의 제자가 왜 구경하지 않고 그냥 지나치는지 몰라서,

"이처럼 훌륭한 재목을 본 적이 없는데 왜 그냥 지나치십니까?"
하고 물었다. 제자의 물음에 장석은 다음처럼 응해 주었다.

"그런 소리 말게. 그건 쓸모없는 나무야. 그것으로 배를 만들면 가라앉고, 그것으로 널을 짜면 썩어버리고, 그것으로 그릇을 만들면 망가지고, 문을 만들면 진물이 나고, 기둥을 만들면 좀이 나지. 저건 재목이 못 되는 나무야. 아무 소용이 없어서 저렇게 오래 살 수 있었던 거야."

그런데 장석의 꿈에 상수리나무가 나타나 말했다.

"너는 나를 쓸모없는 나무에 비교하느냐? 열매를 맺는 나무는 그 열매가 익게 되면 잡아 뜯기게 된다. 뜯기면 부러지고 꺾이고,

잔가지는 찢어지고 만다. 이는 열매를 맺는 능력 탓으로 제 삶이 괴롭게 되는 것이다. 나는 오랫동안 쓸모없기를 바라왔다. 죽을 뻔했으나 오늘 자네가 쓸모없다고 하여 비로소 나는 뜻을 이루어 큰 쓸모로 삼게 되었다. 내가 쓸모가 있었더라면 어떻게 이렇게 크게 될 수 있었겠는가?"

그럴 듯한 주장이다. 상수리나무가 천수를 다할 수 있음은 쓸모없는 것을 가장 쓸모 있는 것으로 간직한 까닭이다. 인간의 어리석음이란 이처럼 유용에 대한 과신(過信)으로부터 비롯되는 것인지도 모른다. 하니 이제부터 이야기하고자 하는 인재와 둔재에 관한 이야기 또한 그러한 과신으로부터 비롯된 구별인지도 모른다. 다만 고래의 교훈을 전하고자 할 뿐이니 이를 넘어서는 사색은 독자 제위의 재량에 맡길 뿐이다.

정말로 두려운 것

'장삼이사(張三李四)'라는 말이 있다. 장 씨의 삼남(三男)인지 이씨의 사남(四男)인지 그 신분이나 성명이 분명하지 않다는 말로서 그 출신이 어릿어릿한 평범한 사람을 뜻한다. 장 씨와 관련된 말은 이 밖에 또 있다.

장왕이조(張王李趙). 무슨 무협 소설에 나오는 제목 같으나 실은 아무것도 아니다. 이 말은 장 씨, 왕 씨, 이 씨, 조 씨를 말하는 것으로 평범한 사람이란 것이니 별로 신경 쓰지 않아도 된다는 말이다. 옛날에 장자능, 왕이도, 이사영, 조성종 등 네 사람이 모두 정부에서 벼슬을 하고 녹을 받아먹고 있었다. 그래서 사람들이 장왕이조라고 하였다고 하니 아마도 별볼일없는 사람들이 벼슬자리에 앉아서 나라의 녹이나 축내고 있었음을 비꼰 말이 아닌가 한다. 한편에서는 이 네 성씨를 가지고 그 우열을 논하면서 장 씨를 갑(甲), 왕 씨를 을(乙), 이 씨를 병(丙), 조 씨를 정(丁)이라 하며, 장갑(張甲) 왕을(王乙) 이병(李丙) 조정(趙丁)이라고도 한다.

장삼이사가 그저 그런 보통 사람이라면 다음은 어리석은 사람이나 우매함을 이르는 말들이다.

먼저, '수주대토(守株待兎)'라는 것이 있다. 나무 그루터기를 지키면서 토끼가 나오기만을 기다린다는 말로서, 혼자 착각에 빠져서 되지도 않을 일을 하겠다고 고집하는 것을 뜻한다. 〈한비자〉 '오두편(五蠹篇)'에 나오는 말이다.

한비는 유가 사상을 시대에 뒤떨어진 낡은 사상이라고 혹평했다. 그래서 그는 유학자들에게 들으라는 뜻으로 다음과 같은 이야기를 했다.

송나라에 한 농부가 살고 있었다. 하루는 밭을 갈고 있는데 토끼 한 마리가 쪼르르 달려오더니 밭 가운데 있는 나무 그루터기를 들이받고는 머리가 깨져 죽고 말았다. 그 광경을 본 농부가 무릎을 '탁' 치며 생각했다.

"가만있자, 토끼가 저렇게 죽는 것을 보니 기다렸다 주워 담기만 하면 힘 하나 쓰지 않고 토끼를 얻게 된다. 그렇다면 토끼가 또 와서 죽을 때까지 그루터기를 지키고 앉아 있어야지."

한참을 지키고 있었으나 농부에게 다시는 그런 횡재가 굴러들어 오지 않았다. 결국 사람들의 웃음거리만 되었을 뿐이다.

한비자의 눈에는 유학자들이 과거 요순(堯舜) 때 얽매여 사는 답답한 인간들로 보였던 것이다.

비슷한 말이 '각주구검(刻舟求劍)'이다. 세상의 변화도 모르고 낡은 생각만을 고집하는 어리석음을 비유하여 이르는 말이다. 초나라 사람 중에 강을 건너는 자가 있었다. 그런데 갑자기 칼이 배 안에서 물속으로 떨어졌다. 그는 급히 뱃전을 깎아 표시해 놓고 말했다.

"여기가 내 칼이 떨어진 곳이다."

배가 강가에 멈추니 뱃전을 깎아 표시한 사람이 그 표시한 자리를 따라 물속으로 뛰어들어 칼을 찾았다. 배는 이미 움직여 갔고

칼은 물에 떨어진 채로 그대로 있었으니 이 얼마나 허황한 짓인가. 옛 법도로써 나라를 다스리는 것은 뱃전을 깎아 칼을 찾으려는 것과 같다. 시대는 변했건만 법제는 변하지 않고 그대로 있다. 이것으로써 나라를 다스리고자 하니 어찌 어렵지 않겠는가.

식견이 좁음을 나타내는 말로는 '좌정관천(坐井觀天)'이나 '군맹평상(群盲評象)' 같은 말이 있다.

먼저 좌정관천은 우물 속에 앉아 하늘을 쳐다보면 조금밖에 보이지 않는다고 하여 세상일에 어두운 것을 이르는 말로 한유(韓愈)의 '원도(原道)'에 나오는 말이다. 우리는 같은 뜻으로 정저지와(井底之蛙)라는 말을 더 즐겨 쓴다.

정저지와는 〈장자〉의 '추수(秋水)' 편에 나오는 말이다. 옛날 중국에 큰 장마가 져서 황하의 누런 물이 범람하여 굽이굽이 흐르는 모습이 마치 바다와 같았다. 그러자 황하의 신 하백(河伯)이 득의만면하여 북해에 가서 자랑을 하고 싶었다. 그러나 북해에 당도한 하백은 그 망망함을 보고 아연실색하였다. 하백은 북해의 신 '약(若)'에게 말했다.

"내 일찍이 공자의 견문도, 백이숙제의 의리도, 일소에 부쳤건만 오늘 당신의 바다를 대하고 보니 내가 그동안 얼마나 엉뚱하고 어리석은 오관과 자만 속에 살았는지 깨닫겠습니다."

그러자 약이 말했다.

"우물 안 개구리에게 바다를 이야기할 수 없음은 우물에만 있기 때문이요, 견식이 좁은 이에게 도를 말할 수 없음은 상식적인 가르침에만 매여 있기 때문이지요. 그러나 당신은 이제 좁은 강물 기슭에서 나와 북해를 맞이함으로써 자신의 보잘것없음을 깨달았으니 당신과는 천하의 진리를 논할 수 있을 것이오.”

‘군맹평상(群盲評象)’은 여러 맹인이 코끼리를 평한다는 뜻으로, 사물을 자신의 주관과 좁은 소견으로 그릇 판단한다는 의미이다.

어떤 나라에 왕이 있었다. 어느 날 왕이 대신에게 명했다.

“코끼리를 끌어내어 맹인들에게 각각 만져보게 하라!”

그러고는 맹인에게 물었다.

“그래, 코끼리는 무엇과 같다고 생각하는가?”

그러자 상아(象牙)를 만져본 맹인이 대답했다.

“코끼리는 무와 같습니다.”

머리를 만져본 맹인은 말했다.

“코끼리는 돌과 같습니다.”

코를 만져본 맹인은 말했다.

“코끼리는 방아공이와 같습니다.”

다리를 만져본 맹인은 말했다.

“코끼리는 나무토막과 같습니다.”

등을 만져본 맹인은 말했다.

“코끼리는 널빤지와 같습니다.”

코끼리는 부처님을, 맹인은 중생을 비유한 것이다. 즉, 모든 중생에게는 각각의 부처가 따로 계신다는 것이다.

남의 의견이나 새로운 변화를 받아들이지 못할 때 ‘견백동이(堅白同異)’라는 말을 쓴다. ‘단단한 것과 흰 것은 서로 엇갈린다’라는 뜻으로, 자기가 아는 것만을 옳다고 주장한다는 말이다. 〈순자〉 ‘수신(修身)’ 편에 다음과 같이 적혀 있다.

"돌을 보기만 하고 만져보지 못한 사람은 단단한 것은 알지 못한 채 돌은 희다고만 하고, 눈을 감은 채 손으로 돌을 만져보기만 한 사람은 그 흰 것은 알지 못하고 돌은 단단하다만 하니, 이것은 단단하다는 것과 희다는 것이 끝내 하나로 합칠 수 없음이다."

이 '견백동이'라는 말은 '궤변(詭辯)'이라는 뜻으로도 쓰이는데 이는 전국시대 때 공손용(公孫龍)이라는 사람이,

"눈으로 보면 희나 단단하지는 않고 손으로 만지면 단단하나 희지는 않으니, 단단한 돌과 흰 돌은 같은 물건일 수가 없다."
고 궤변을 늘어놓은 데서 비롯된다.

지혜를 얻기 위해서는 귀와 눈이 열려 있어야 한다. 무슨 말이든 새겨듣고, 무슨 일이든 잘 살펴야 한다는 뜻이다. 귀와 눈이 닫혀 있는데 어찌 배울 수 있으며 지혜를 얻을 수 있겠는가.

여기에 또 하나 중요한 것이 모르는 바를 묻는 일을 부끄럽게 생각하지 말아야 한다는 것이다.

'문기자(問奇字)'라는 말이 있다. 기이한 글자를 보고 무슨 글자인지 물어본다는 뜻이다.

중국 한나라 때 양웅(揚雄)이란 사람이 있었다. 그는 성도인(成都人)으로서 자(字)는 자운(子雲)이다. 일찍이 생각하기를 경전은 〈주역〉보다 더 큰 것이 없다고 하여 '태현(太玄)'을 짓고, 전(傳)은 〈논어〉보다 더 큰 것이 없다고 하여 '법언(法言)'을 짓고, 역사(歷史)는 창힐(倉頡)보다 더 큰 것이 없다고 하여 '훈찬(訓纂)'을 지었다. 또 잠(箴)은 〈우잠(虞箴)〉보다 더 큰 것이 없다고 하여 '주잠(州箴)'을 지었다. 그러다 보니 그의 지식은 한없이 넓어만 갈 것이 당연하였다. 아마 중국 역사상 전고(典故)와 고사를 양웅보다

더 많이 아는 사람은 없었을 것이다. 그리하여 양웅에게는 기이한 글자를 가지고 와서 묻는 사람이 많았는데 특히 유분이란 사람이 기이한 글자를 물을 때마다 술 한 병을 가지고 와서 물었으므로 그 일을 가리켜 기이한 글자를 묻는다는 뜻으로 '문기자(問奇字)'라고 하였다. 〈한서(漢書)〉에 나오는 얘기다.

예로부터 아랫사람에게 묻기를 부끄러워하지 않는 것을 '문(文)'이라 하여 학문의 길로 생각하였다. 보통 시호를 지어줄 때 '문(文)' 자가 들어 있는 사람들은 학문을 한 선비인 것을 이 말에서 엿볼 수 있다.

그런데 묻기는커녕 아무리 성현들의 귀한 말을 전해주어도 귀담아듣지 않는 사람들이 많다. 답답한 일이 아닐 수 없다.

'마이동풍(馬耳東風)'은 '우이독경(牛耳讀經)'이란 말과 같은 뜻으로 쓰인다. 남의 비평이나 의견은 조금도 듣지 않고 곧 흘려버린다는 것이다. 무슨 일이든 무관심하여 듣지 않는다는 뜻의 비유적 표현이다.

마이동풍은 이백의 '왕십이(王十二)의 추운 밤 홀로 잔을 드니 회포가 있다에 답함'이라는 시 가운데 나와 있다. 시의 제목이 말해 주듯이 이 시는 왕십이라는 친구가 '추운 밤 홀로 잔을 드니 회포가 있다'라는 시를 보내온 데 대해서 이백이 답으로 쓴 것인데 길고 짧은 구절을 섞어 상당한 장시로 되어 있다.

왕십이가 자신의 불우함을 이백에게 호소한 듯하다. 이백은 이에 관해 달 밝은 겨울밤에 홀로 잔을 들고 있는 왕십이의 쓸쓸함을 생각하며 이 시를 지었던 듯싶다.

이백은 술을 마셔 만고의 수심을 떨어 버리기를 권하고, 또 홀

룽한 인물은 지금 세상에는 맞지 않음이 당연하다고 위로했다. 또 한탄하는 말로 자기의 인생관을 읊었다.

　　지금 세상은 투계(鬪鷄)―당나라에서는 왕후 귀족들이 투계를 즐겼다―의 기술이 뛰어난 자가 천자에게 귀염을 받고 길거리를 으스대며 다니거나, 아니면 오랑캐의 침입을 막아 얼마간의 공을 세운 자가 최고의 충신인 듯 뻐기는 것이다. 자네나 나나 그러한 인간을 흉내 낼 수는 없다. 우리는 북창에 기대앉아 시를 읊고 부를 짓는다. 그러나 그것이 아무리 큰 걸작이라 하더라도 지금 세상에서는 그런 것은 한 잔의 물값도 되지 않는다. 아니 그뿐인가.

　　세상 사람은 이를 듣고 모두 머리를 저으니
　　동풍이 말의 귀를 흔드는 것과 같도다.

　　이렇게 이백은 비분하였다. 우리들의 말, 우리들의 걸작에는 머리를 흔들며 귀를 기울이려 하지 않는다. 그 모습은 동풍이 말의 귀에 부는 것과 같은 것이다.
　　원래 중국은 무(武)보다 문(文)을 숭상한 나라였다. 문의 힘이 한 나라를 기울게도 하고 일어서게도 하는 것이라는 자랑과 자신이 전통적으로 시를 쓰는 사람들의 가슴 속에 있었다. 더구나 이백과 같은, 스스로에 대한 믿음이 강했던 시인에게는 말할 것도 없었을 것이다. 그런데도 세상 사람들은 시인의 말에는 마이동풍이다. 그래서 이백은 이렇게 계속했다.

어목魚目이 나를 웃으며
명월明月과 같기를 바란다

즉, 고기 눈이나 다름없는 어리석은 자들이 우리들을 비웃으며, 명월의 구슬 같은 귀한 지위에 앉으려 하고 있다. 옥과 돌이 함께 섞여 있고, 현명함과 어리석음이 거꾸로 되어 있는 것이 지금 세상이라고 이백은 말한 것이다.

그리고 물론 우리 시인에게는 높은 벼슬 같은 것은 애당초 상대가 아니요, 젊을 때부터 우리는 산야에 초연함이 소원이 아니었던가 하고 왕십이를 격려하며 시를 끝맺고 있다.

어리석거나, 우매하거나, 식견이 좁거나, 편협하거나, 고기 눈을 가진 사람보다 더 구제하기 힘든 사람이 있다. 바로 '사이비(似而非)'다.

사이비란 겉으로는 그럴듯하면서도 사실은 그렇지 않은 것을 말한다. 〈맹자〉'진심하(盡心下)' 편에 실려 있는 이 말은 맹자의 제자 만장(萬章)과의 문답에 나온다. 만장이 어느 날 맹자에게 물었다.

"한 고을 사람들이 다 그를 훌륭한 사람이라고 칭찬한다면 어디를 가나 훌륭한 사람이 아닐 수 없을 것인데 공자께서 그런 사람을 '덕을 해치는 사람'이라고 한 것은 무엇 때문입니까?"

"비난하려 해도 비난할 게 없고, 공격하려 해도 공격할 구실이 없으나 세상 풍속을 따르고 더러운 세상에 합류하여 집에서는 마치 성실하고 신의가 있는 것처럼 하고 밖에 나가서는 청렴한 것처럼 하니 사람들이 다 그를 좋아하고 자기 스스로 자기가 옳다고 생각하나 그런 사람과는 요순의 도에 함께 들어갈 수 없기 때문이다. 나는 사이비한 것을 미워한다. 강아지풀을 미워하는 것은 그것이 곡식의 싹을 혼란시킬까 두려워서이고, 말하는 것을 미워하는 것은 정의를 혼란시킬까 두려워서이고, 정나라 음악을 미워하는 것은 그것이 아름다운 아악을 혼란시킬까 두려워서이고, 보라색을 미워하는 것은 그것이 붉은색을 혼란시킬까 두려워서이고, 향원(鄕原)을 미워하는 것은 그들이 덕을 혼란시킬까 두려워서이다."

사이비는 구제하기 힘들 뿐만 아니라 공자가 지적한 대로 우리 사회를 좀먹고 있는 사이비들이 무섭기까지 하다.

인재는 숨어 있어도
저절로 사람들이 알게 된다

주머니 속의 송곳이란 말이 있다. 바로 '낭중지추(囊中之錐)'다. 평원군 조승은 조나라 혜문왕의 동생이므로 조나라 공자의 한 사람이다. 당시는 제나라 맹상군, 위나라 신능군, 초나라 춘신군과 등이 경쟁적으로 선비들을 초청해 후하게 대우하던 시대였는데, 그는 손님들을 좋아하여 그에게 몰려온 손님이 수천 명에 달했다고 한다.

진나라 군대가 조나라의 도읍지인 한단을 포위하였다. 조나라에서는 평원군을 파견하여 초나라와 동맹을 맺으려 했다. 평원군은 식객 중에 용기와 문무를 겸한 사람 20명과 동행하고자 했다. 그러나 19명까지는 선발했는데 나머지 한 명을 뽑지 못하고 있었다. 그러자 식객 중 모수(毛遂)란 사람이 가담하겠다고 나섰다.

"선생은 우리 집에 와서 몇 년이나 되었습니까?"

"삼 년 되었습니다."

"현명한 사람이 있으면 마치 송곳이 주머니 속에 있는 것[→낭중지추(囊中之錐)]처럼 그 끝이 반드시 나타나게 마련입니다. 그런데 선생은 우리 집에 삼 년이나 되었는데도 들은 적이 없군요. 결국 능력이 없어서 그런 것이 아닙니까?"

"저는 오늘 처음 주머니 속에 넣어달라고 하는 것입니다. 만일

일찍부터 주머니 속에 넣어두셨다면 송곳 끝은 고사하고 송곳 자루까지 튀어나왔을 것입니다."

모수의 지략은 마침내 합종책을 성공시켰다. 〈사기〉에 전하는 얘기다. 낭중지추는 바로 여기서 유래한 말로 재주가 뛰어난 사람, 즉 인재는 숨어 있어도 저절로 사람들이 알게 된다는 뜻이다.

인재를 뜻하는 말에는 어떤 것이 있을까?

먼저, '무재(茂材)'란 재능이 뛰어난 사람으로 하나의 파(派)를 세운 사람을 가리킨다. 한나라 때 인재 등용 시험과목 중 '수재'라고 했던 것을 후한에 이르러 광무제의 이름을 피해서 무재라고 했다 한다. 〈한서〉의 '무재기'에 이런 내용의 글이 실려 있다.

주와 군에 명하여 관리나 백성 중에 재능이 뛰어난 사람_茂材_을 장수와 재상으로 삼아 외따로 떨어진 나라에 사신으로 보낼 만한 사람이 있는가를 살피게 했다.

'무(茂)'라는 말은 무성하게 난 것이므로 학식이 뛰어나거나 무예에 뛰어난 자를 함께 지칭하기도 한다.

무림(茂林)_ 숲이 우거짐
무성(茂盛)_ 나무가 잘 자람
무사(茂士)_ 재주가 뛰어난 선비
무적(茂迹)_ 뛰어난 공적
무행(茂行)_ 선행(善行)

한편, 남보다 뛰어나고 슬기로운 사람을 '준혜(俊慧)'라고 한다. 조선 후기 문신 정래주(鄭來周)가 엮은 〈동계만록(東溪漫錄)〉에 나오는 이야기이다.

허종(許琮), 허침(許琛) 형제는 성종, 연산군 시대에 걸쳐 벼슬을 했다. 그들에게는 백 살이 넘은 누님이 있었는데 슬기롭기가 타의 추종을 불허하여 어려운 일을 당할 때마다 해결책을 얻고는 했다. 허종이 연산의 생모인 윤 씨를 사사(賜死)하려는 날, 임금이 신하들을 불러 모을 때 허종, 허침 형제도 부름을 받았다. 그러나 그들은 왠지 꺼림칙한 기분이 들어 입궐하기 전에 누님을 먼저 찾아뵈었다.

누님이 물었다.

"무슨 일로 입궐을 하느냐?"

"글쎄, 아마도 폐비 윤 씨에게 사약을…"

그러자 누님은 깜짝 놀라며 말했다.

"예로부터 어미를 찾지 않는 자식이란 없는 법이다. 지금의 세자가 왕위에 오르면 자기의 친어머니를 죽인 사람들을 가만 내버려 둘 것 같으냐? 반드시 큰 화가 미칠 것이니 입궐하지 마라."

누님의 집을 나온 허 씨 형제는 말을 타고 가다가 사직골(지금의 사직동) 근처 다리 위에서 일부러 굴러떨어졌다. 그들은 말에서 넘어지는 바람에 다리를 다쳤다는 핑계로 어전회의에 불참했고 그로써 후일 있었던 연산군의 학살을 피해 살아남을 수 있었다. 그때 그들이 떨어졌던 다리를 종침교(琮琛橋)라고 부른다.

또, '현두각(見頭角)'이라는 말이 있다. 머리에 뿔이 나타났다는 말이나, 속뜻은 재능이 출중하다는 뜻이다. 한유의 '유자후 묘지명(柳子厚墓誌名)'에 나오는 말이다. 자후(子厚)는 유종원(柳宗原)의 자(字)인데, 그는 한유와 더불어 중당(中唐)을 대표하는 문호이다. 한유와는 평소 친하게 지내서 자기의 묘지명을 부탁할 정도였다. 819년, 좌천되는 도중에 유종원의 부음을 접한 한유는 다음 해 봄, 임지에 도착하자 친구의 유언대로 유자후의 묘지명을 썼다.

"……자후는 젊어서부터 그 재능이 정교하고 민첩해서 막히는 부문이라고는 전혀 없었다. 그의 아버지가 살아 있었을 때 그는 소년의 몸으로 이미 모두 이루어 진사과에 급제함으로써 단연 두각을 나타냈다. 세상 사람들이 이르기를, 유씨(柳氏)는 정말 뛰어난 아들을 두었다고 했다……."

요즘에는 현두각이라는 말을 풀어서 '두각을 나타낸다'라는 말로 많이 쓰인다. 이럴 때 '현(見)'은 '보다_시(視)_'라는 뜻이 아니고 '나타나다_현(顯)_'는 뜻이므로, '견'이 아닌 '현'으로 읽어야 한다.

닭 무리 속의 한 마리 학

해소는 죽림칠현 중의 한 사람으로, 유명한 위나라 중산대부(中散大夫) 해강의 아들이다. 해소는 열 살 때 아버지가 무고한 죄로 형장의 이슬로 사라진 이래, 어머니를 모시고 근신의 생활을 해 왔다. 아버지의 친한 벗인 죽림칠현 중 한 사람 산도(山濤)—아버지 해강은 죽음에 즈음하여 해소에게 산도 아저씨가 있으니 너는 고아가 아니니라 했다—가 당시 이부에 있었는데 무제에게,

"강고(康誥; 서경의 편명)에, 부자간의 죄는 서로 미치지 않는다고 하였사옵니다. 해소는 해강의 아들이기는 하오나 어질기가 춘추의 대부 극흠보다 나을망정 못하지 않으니, 바라옵건대 돌보아 주시어 비서랑으로 임명하여 주옵소서."

하고 아뢰었다. 그랬더니 무제는,

"경이 말한 대로 하면 승이라도 시킬 수 있겠소. 낭으로 할 것 없이……."

하고 비서랑보다 한 계단 위인 비서승으로 관에 임명하였다.

　해소가 처음 낙양에 올라왔을 때, 어떤 사람이 죽림칠현의 한 사람인 왕융(王戎)에게,

"어제 사람들 틈에서 처음으로 해소를 보았는데, 기상이 좋고 맵시 있어 독립불기(獨立不羈; 독립하여 아무도 억누를 수 없음)

의 학이 닭의 무리 속에 서 있는 것 같았습니다."
라고 하였다. 왕융은,

"자네는 도대체 그 사람의 아비를 보지 못했기 때문이야."
했다고 한다. 즉, 해소의 부친은 더 그러했던 모양이다.

여기서 '군계일학(群鷄一鶴)'이라는 말이 나왔다. 해소는 얼마 후에 여음의 태수가 되었고, 상서좌복사(尙書左僕射)를 하고 있던 배위는 해소를 소중히 여겨,

"해소를 이부 상서로 한다면, 천하에 이보다 더 뛰어난 영재는 없을 것을……."
하고 늘 말했다.

해소는 이렇게 하여 혜제 곁에 있으면서 직언을 올리는 몸이 되었다.

제왕 경이 위세를 떨치고 있을 때, 해소가 의논할 일이 있어 왕에게 나아가니 왕은 몇몇 신하와 주연을 벌이고 있었는데, 그 신하들이 해소가 악기를 잘한다고 말했다. 그리하여 거문고를 가져오게 하여 왕이 해소에게 뜯어보라 하였다. 그러자 해소는 왕에게 정중히 아뢰기를,

"왕께서는 나라를 새로이 하여 백성들의 모범이 되실 분이 아니십니까. 저도 미흡한 자이오나, 천자를 모시고 조복을 입고 궁중에 있는 터이옵니다. 악기를 들고 어찌 광대의 흉내를 낼 수 있겠사옵니까. 평복으로 사사로운 연석이라면 사양하지 않겠으나……."
하며 면박을 준 일도 있었다.

영흥(永興) 원년, 8왕의 난이 한창일 때의 일이다. 왕은 하간왕

(河間王) 옹을 치려고 군사를 일으켰으나 전세가 불리하여 도망치게 되었는데, 해소가 부름을 받고 행재소(行在所)에 달려간 것은 왕의 군사가 탕음(蕩陰)에서 패했을 때였다.

해소는 모두 도망해 버린 뒤에 홀로 의관을 바로 하고 창과 칼이 불꽃을 일으키는 어차(御車) 앞에서 몸으로 왕을 감싸며 지켰다. 그리고 드디어 빗발치는 적의 화살에 맞아 왕의 곁에서 쓰러져 선혈로 왕의 어의를 물들였다. 왕은 깊이 슬퍼하여 전쟁이 끝난 뒤에 근시(近侍)들이 왕의 의복을 빨려 하자,

"이것은 해 시중의 충의의 피다. 씻어 없애지 말라."

하며 옷을 빨지 못하게 했다.

처음에 해소가 왕에게 가려 했을 때 같은 시중인 진준(秦準)이,

"이번 난리 속에 가려면 좋은 말을 타야 할 텐데 말은 가졌소?"

하고 물었는데, 해소는 얼굴을 굳히며,

"폐하의 친정(親征; 왕이 몸소 정벌에 나섬)은 정(正)으로 역(逆)을 치심이라, 어디까지나 정벌이지 어찌 난리라 하겠소. 폐하를 경호함에 실패했다면 신하의 충절이 어디 있을 것이며, 빠른 말이 무슨 소용이 있겠소."

라고 말했다. 이 말을 들은 사람 누구나 감탄하지 않는 이가 없었다. 〈진서〉 '해소전'에 전하는 얘기다.

말하면 논설이 되고
붓을 대면 문장이 되다

〈삼국지(三國志)〉는 두 가지로 나눈다. 하나는 우리가 잘 알고 있는 나관중이 쓴 소설로서의 〈삼국지〉이고 또 하나는 중국 역사책인 〈삼국지〉가 그것이다. 보통 학술적으로 쓸 때는 역사책을 말한다.

삼국시대 조조의 아들 조식(曹植)은 문장력이 대단히 뛰어났다. 아마 자기 아버지를 닮아서인가 보다. 조식은 나이 열 살 때 이미 글을 지었다. 태조가 일찍이 그의 문장을 보고,

"이 글은 누가 대신 지어주었느냐?"

하였다. 조식이 꿇어앉아 대답했다.

"말하면 논설이 되고 붓을 대면 문장이 됩니다. 어찌 남의 것을 빌려왔겠습니까. 당장 이 자리에서 시험해도 좋습니다."

일찍이 형인 문제(文帝)는 조식의 솜씨가 미워서 죽이려고 했다. 그리하여 조식을 불러 일곱 걸음 걸을 동안 글을 지으라고 하였다. 그 말이 떨어지자마자,

콩잎을 삶아 국을 끓이고
콩물을 짜서 죽을 쑨다.
본래는 같은 뿌리인데

어째 이렇게도 급하게 졸여대는고?

하니 문제는 매우 부끄러웠다. 바로 그 유명한 '칠보시(七步詩)'
다. 또, 여기서 나온 말이 뛰어난 글재주를 뜻하는 '칠보지재(七步
之才)'다.

중국 역사상 뛰어난 글재주로 칭송을 받는 이가 한둘이 아닌데,
수많은 문장가 중에 빼놓을 수 없는 인물이 당나라의 대문호 한유
(韓愈)다. 자(字)는 퇴지(退之), 한문공(韓文公)이라고도 한다. 고
아 출신인 그는 처음 과거에 응시했을 때 인습에 얽매이지 않은
자유분방한 문체 때문에 평가를 받지 못하고 낙방했다. 그 후 스
물다섯 살 때 진사에 급제하여 여러 관직을 거쳐 이부시랑(吏部侍
郎)까지 지냈으나 헌종(憲宗)이 불사리(佛舍利)에 참배하자 유학
자의 관점에서 비판한 일로 중앙 정치에서 밀려난 이후 평생을 불
우하게 지내야 했다. 그는 일찍이 대학(大學)에 나가 학생들에게
다음과 같이 훈계한 바 있다.

"세상에서 높은 벼슬을 얻지 못하더라도 관직의 불공평을 얘기
하는 것은 좋지 않다. 자신의 학문이 부족함을 책망하고 이를 계
기로 더욱 정진하는 자세야말로 중요한 것이다."

이 말을 듣고 한 학생이 다음과 같이 물었다.

"선생님은 사적으로는 학문에 있어서 대문장가에게 필적하며
인격도 조금의 부족함이 없는데, 공적으로 사람들의 신임을 얻지
못하고 친구들의 도움도 없이 자칫 죄를 받으니 언젠가는 파멸을
초래하여 죽음에 이를지도 모르는 형국입니다. 이런 처지에 있는
선생님이 어찌 제자들에게 처세의 도를 논하십니까?"

이 말을 듣고 한유가 말했다.

"공자나 맹자도 그 시대 사람들에게는 받아들여지지 않았다. 하물며 나 같은 사람은 그들과 같은 성인에 비할 바가 아닌데도 나라의 녹(祿)을 먹으며 편히 가족들을 부양하고 있다. 그러므로 사람들로부터 때로는 헐뜯음을 받고 악한 이름을 받는 것이 이상해할 것 없다."

그의 대표작인 〈원도(原道)〉·〈원성(原性)〉 등은 중국 문학의 백미로 꼽히고 있으며, 후에 한유의 문장을 다음과 같이 칭송하는 말이 기록에 전한다.

"시(詩)가 빛나는 것은 아래로 장자(莊子)와 굴원(屈原)의 이소(離騷)에 미치고, 양웅(揚雄)과 사마상여(司馬相如)는 공정은 같되 곡(曲)은 달리한다_동공이곡(同工異曲)_."

한유와 비교되는 인물로 제(齊)나라 때 좌사(左思)라는 문장가가 있다. 그는 한유와는 달리 당대에 크게 주목받은 입지전적인 인물이다.

그는 어릴 때는 학문도 잘하지 못했고 북과 거문고도 제대로 익히지 못했다. 그러나 부친의 격려에 힘을 얻어 열심히 공부하게 되었다. 그는 얼굴도 못나고 말도 더듬었으나 한번 붓을 들면 그 글귀의 장려함이 비할 데 없었다.

그는 사람 만나는 것도 피하며 창작에 몰두하여 1년이나 걸려서 '제도부(齊都賦)'를 썼다. 이것을 완성했을 때 그는 다시 '삼도부(三都賦)'를 쓰고 싶은 욕망이 솟았다. 삼도라 함은 촉, 오, 위의 서울을 말하는데 세 수도의 모습을 생각나는 대로 부(賦)로 읊어 보고 싶었던 것이다. 해서 낙양으로 이사한 것을 기회로 그는 이 일에 전력을 쏟기 시작했다.

다음 해에도, 그다음 해에도 좌사는 그 일에 정성을 기울였다. 방 안이나 뜰에도 붓과 종이를 준비해 두었다가 갑자기 좋은 생각이 떠오르면 놓치지 않고 그 자리에서 적어두었다.

이렇게 하여 십 년 후 '삼도부'가 마침내 완성되었으나 아직 알아주는 사람이 없었다. 그런데 얼마 후에 이름이 높은 시인 장화(張華)가 우연한 기회에 이 부를 읽게 되었다. 장화는 그 구상이 웅대하고, 그 환상이 화려함에 놀랐다.

"이건 반(班)·장(張)의 것과 다를 바 없이 좋은 글이다."

후한 때의 대시인 반고(班固)와 장형(張衡) 두 사람의 대시인에 비교해 칭찬한 것이다. 그의 칭찬에 '삼도부'의 소문은 삽시간에 퍼져서 고관과 귀족들이 다투어 그것을 베끼려 들었다. 그즈음의 책이란 아직 인쇄술이 나오기 전이라, 오직 베껴 만들 수밖에 없었기 때문이다. '부'를 베끼려 드는 사람이 불어나면서 종이가 불티날 듯 팔려 드디어 낙양의 종잇값이 오르게 되었다. 여기에서 누군가의 저서가 세상에서 큰 칭찬을 받아 잘 팔리는 것을 가리켜 '낙양의 종잇값이 오른다'라고 표현하게 된 것이다. 〈진서〉 '문원전(文苑傳)'에 전하는 얘기다.

마양과 마속

위·오·촉 세 나라가 서로 세력 다툼을 하고 있던 삼국시대의 일이다. 촉나라에 마양(馬良)이라는 이름난 참모가 있었다. 마양은 호북성 출신으로, 유비가 촉한의 소열제(昭烈帝)가 되자 시중(侍中)에 임명되었다. 소열제는 마양에게 명령하여 남쪽의 오랑캐들을 타이르게 했는데, 마양은 세 치의 혀로서 곧잘 그들을 설득해 부하로 삼는 데 성공한 인재였다.

이 마양에게는 다섯 형제가 있었는데, 모두 자(字)에 상(常)자가 들어 있어서 '마 씨의 오상(五常)'이라고 불렸다. 다섯 형제가 한결같이 영특하고 학문을 잘하여 평판이 높았다. 그중에서도 마양은 가장 뛰어난 인물이어서 사람들은,

"마 씨의 오상은 다 훌륭하지만, 그중에서도 백미(白眉)는 가장 뛰어난 인물이야."

라고 마양을 칭찬했다. 여기서 '백미'는, 마양이 어릴 때부터 눈썹에 흰 털이 있어서 별명으로 불리어 온 것이다. 그 후 '백미'라 하면, 여럿 가운데서 특히 뛰어난 사람을 가리키는 말이 되었다.

마양은 유비를 주군으로 모셨으며 유비가 촉한의 황제가 되자 시중의 자리를 맡아 남만족을 설득하여 이민족과의 싸움을 막아 내는 등 많은 공을 쌓았다. 마양의 그러한 활약이 있었기에 제갈

공명도 남쪽에 신경 쓰지 않고 북쪽의 조조와 한판 대결을 원 없이 펼칠 수 있었다고 한다.

하지만 장무(章武) 3년, 무협(巫峽)에서 오 군과의 싸움이 반년에 걸쳐 교착 상태에 있는 것을 초조히 여긴 유비가 공명과 의논도 하지 않고 자기 마음대로 군사들을 진군시켜 크게 패했다. 마양은 이 전투에서 전사하고 말았다.

이 패전이 상처가 되어 유비는 이듬해 4월 공명에게,

"만약 태자 유선(劉禪)이 어리석은 자면 그대가 대신 제위에 앉아 주기 바라오."

라는 유언을 남기고 죽었다.

뒷일을 부탁받은 공명은 유선을 도와 두 적국과 싸웠다. 먼저 위를 치기 위해 3군을 거느리고 북방으로 진출했다. 그때 촉 군의 중요한 수송로인 가정의 수비를 맡고 나선 사람이 바로 마양의 아우 마속(馬謖)이다. 마속은 공명이 대성을 바라면서 아우처럼 아꼈던 부하였다. 공명은 마속이 경험이 부족한 것을 불안히 여겼다. 마속은,

"만약 패하면 참형을 당해도 절대 원망치 않겠습니다."

라고 말했다.

하지만 사마의의 계략에 속아 가정을 빼앗기고 말았다. 공명은 군령을 다하지 못한 마속을 애초 약속대로 처형하지 않을 수 없었다. 이때 울면서 마속을 참한 일에서 '읍참마속'이란 고사성어가 유래했다. 이 말은 사사로운 감정을 버리고 원칙을 지켜 기강을 바로 세우는 일에 종종 사용된다.

비교적 괜찮다?

천하 통일이 되기 전 후한 광무제는 날이 새나 밤이 되나 전쟁밖에 몰랐다. 천하에 아직 복종하지 않은 자가 많았기 때문이다. 먼저 적미(赤眉)를 토벌해야 했는데 적미에는 번숭(樊崇)이 유분자(劉盆子)를 임금으로 모시고 대항하고 있었다. 광무제는 등우(鄧禹)에게 적미를 토벌하도록 했으나 좀처럼 이기지를 못하자 몸소 나섰고 마침내 번숭이 잔병 십여만을 데리고 유분자와 더불어 항복해 왔다. 광무제는 낙수(洛水) 근처에 군사를 주둔시키고 유분자에게 먼저 물었다.

"네가 죽을죄를 지었느냐?"

"제발 용서해 주십시오."

다음 번숭에게 물었더니 대답이 없다. 그때 번숭과 함께 항복한 서선(徐宣)이 머리를 땅에 조아리며 대답했다.

"저희는 여러 사람이 의논한 끝에 항복하기로 한 것입니다."

광무제는 서선의 말을 듣고 조롱하듯이 말했다.

"너는 이른바 쇠 중에선 쟁쟁하고[→철중쟁쟁(鐵中錚錚)] 보통 사람 중에서는 그래도 똑똑한 편이구나."

정말 뛰어난 자라면 세상 형편을 알아서 진작 항복했어야 하고 미련한 놈이면 아직 항복하지 않았을 것이다. 이제 항복한 것은 결코 이른 것이 아니지만 그래도 아주 미련한 놈은 아니라는 말이다.

지금도 '쟁쟁한 사람들'이란 말들을 흔히 쓰고 있는데, 이 쟁쟁하다는 것은 쇳소리가 비교적 좋다는 뜻에서 온 것이다. 그러니까 흔히 쓰이는 훌륭하다는 뜻보다 원래의 뜻은 비교적 괜찮다는 정도다. 〈후한서(後漢書)〉에 나오는 얘기다.

천하를 얻고자 한다면…

그렇다면 세상에 둘도 없는 정말로 뛰어난 인물이란 어떤 사람일까? 특히 천하를 얻고자 할 때 꼭 필요한 인물은?

진(秦)이 망하고 초의 패왕 항우와 한왕 유방이 천하를 다투고 있을 때의 일이다. 초군(楚軍)의 위세에 눌려 파촉 땅에 갇혀 있던 한군(漢軍) 가운데 한신이 있었다.

한신은 처음에는 초군에 속해 있었으나, 아무리 군략(軍略)을 말해도 항우가 이를 한 번도 채택해 주지 않은 데 실망하여 도망쳐 한군에 들어간 사람이다. 그러나 그때까지 한신은 유방의 눈에 들 기회를 얻지 못했다. 한신은 우연히 부장 하후영(夏侯嬰)에게 인정을 받아 치속도위(治粟都尉)에 천거되었다. 그 직무가 병량(兵糧)을 관리하는 일이라 그는 승상인 소하(蕭何)와 알게 되었다. 원래 한신은 그가 품은 큰 뜻에 걸맞은 탁월한 재주를 갖추고 있었는데, 소하는 그걸 알아채고 은근히 기대를 걸었다.

그즈음 관동 각 처에서 유방을 찾아온 부장 중에는 참을 수 없는 향수에 젖어 도망하는 자가 꽤 많았다. 군중에 동요가 보이자 한신도 도망을 쳤다. 자신의 재주는 치속도위쯤으로는 도저히 만족하지 못했던 것이었다.

한신이 도망했다는 말을 듣자 소하는 부리나케 뒤를 쫓았다. 너무나 급히 뒤쫓았기 때문에 다른 사람이 보기에는 소하도 도망을 치는 것처럼 보일 정도였다. 유방은 이 소식을 듣고 양팔을 잃은 것같이 낙담하였고, 그런 만큼 노여움도 컸다. 그런데 이틀 후에 소하가 불쑥 나타났다. 그의 얼굴을 보고 유방은 한편으로는 노하고 한편으로는 기뻐했다.

"승상의 몸으로 어찌 도망했던고?"

"도망한 것이 아니옵니다. 달아나는 자를 잡으려 했을 뿐입니다."

"누구를?"

"한신입니다."

"뭐라고? 한신을 잡으려고 했단 말이오? 지금까지 여러 장사가 도망했으되, 경은 그중 단 한 사람도 잡으러 가지 않았거늘, 어찌 이름도 없는 한신을 잡으러 갔단 말이오?"

"지금까지 도망친 인물이라면 얼마든지 구할 수 있습니다. 주공께서는 이름도 없는 한신이라 하셨지만 그것은 한신을 아직 모르시기 때문이고, 한신이야말로 국사무쌍(國士無雙; 한 나라에서 가장 뛰어남)이라 할 인물이옵니다. 주공께서 파촉의 땅만을 영유(領有)하시여 만족하시려면 모르거니와, 만일 동쪽으로 진출하여 천하를 다투실 생각이 있다면 한신을 두고 달리 군략의 인물을 얻기 어려울 것입니다. 한신이 필요하고 하지 않고는 오직 주공께서 천하를 원하시는지 원하지 않는지에 달려 있을 뿐입니다."

"그야 나도 천하를 목표로 하고 있지. 이곳에서 썩고 말 생각은 아예 없으니까."

"그러시다면, 제발 한신을 활용하십시오. 활용하시면, 한신도 돌아가려 하지 않을 것이옵니다."

"좋아, 내 아직 한신을 모르지만 경이 그렇게까지 추천한다면 그를 장군으로 삼겠소."

"아닙니다. 그런 정도로는 진정 활용하시는 것이 못 됩니다."

이리하여 한신은 한의 대장군이 되었다. 드디어 그의 재주를 발휘할 때가 온 것이었다. 이것이 한왕(漢王) 원년의 일이었다.

—〈사기〉 '회음후열전(淮陰侯列傳)'

용과 같은 인물

공자가 주(周)에 가서 노자에게 예(禮)에 관해서 가르침을 받으려 하자 노자는 이렇게 대답했다.

"그대가 옛 성현이라고 우러러보던 이들은 이미 육체나 뼈마저 썩어버리고 다만 남은 것이라고는 그 공언(空言)뿐이다. 게다가 군자라는 작자도 때를 잘 만나면 마차(馬車)를 타고 건들거리는 몸이 되기도 하지만, 때를 만나지 못하면 바람에 어지럽게 흐트러진 산 쑥대같이 여기저기 떠돌아다니는 신세가 될 뿐이다. 내가 들은 바에 의하면, '훌륭한 장사꾼은 물건을 깊숙이 감추어 언뜻 봐서는 점포가 빈 것 같고, 군자는 많은 덕을 지니고 있으나 외모는 마치 바보처럼 보인다'라고 했다. 그대도 제발 그 교만과 욕심, 그리고 잘난 체하는 병과 잡념을 버리는 것이 좋을 것이다. 이런 것들은 그대에게 아무런 소용도 없는 것이다. 내가 그대에게 하고 싶은 말은 이것뿐이다."

공자는 돌아와서 제자들에게 이렇게 말하였다.

"새가 잘 날고 물고기가 헤엄을 잘 치며 짐승이 잘 달린다는 것은 나도 알고 있다. 달리는 놈이라면 그물을 쳐서 잡을 수 있고 헤엄치는 놈이라면 낚싯줄로 낚을 수 있으며 나는 놈은 주살로 쏘아 잡을 수 있다. 그러나 용에 이르러서는 구름과 바람을 타고 하늘

로 올라가니 나로서는 알 수 없다. 내가 오늘 만나 뵌 노자는 마치
용과 같은 인물이라고나 할까?"

국력을 평가하는 잣대

국유현량지사중

國有賢良之士衆

즉국가지치후

則國家之治厚

현량지사과

賢良之士寡

즉국가지치박

則國家之治薄

나라에 훌륭한 인재가 많으면 나라가 발전하고, 훌륭한 인재가 적으면 국력이 약해진다.

〈묵자(墨子)〉 '친사(親士)' 편에 있는 말이다. 국력을 평가함에 있어서는 보통 국토의 넓이와 천연자원의 풍부함, 그리고 많은 인구와 강한 국방력 등을 그 기준으로 삼는다. 그러나 국가 경쟁력은 어느 나라가 인재를 보다 많이 확보하고 있느냐에 따라 결정된다. 인력은 바로 국력이고 인재는 최고의 자원이요 국력 배양의 원천이며, 국가 경영의 핵심 요소다. 그러기에 인재의 양성과 확보가 국가적으로 큰 사업이 되는 것이다.

인재가 많다는 뜻으로 '다사제제(多士濟濟)'라는 말이 있다. 제제(濟濟)는 많은 모양을 나타내는 형용사이다. 〈시경〉 '대아(大雅)'의 '문왕편' 제3장에 나오는 말이다.

대대로 나타나지 않았는가
世之不顯
도모하는 일은 더욱 삼가서 해라
厥猶翼翼
훌륭한 많은 인재들이 있어
思皇多士
이 나라에 태어났다
生此王國
이 나라가 참으로 많이 인재를 낳았으니
王國克生
이들이 주나라의 기둥이다
維周之楨
수많은 인재들이여
濟濟多士
문왕의 혼령도 마음 놓으시리
文王以寧

이 시는 주 문왕의 넷째 아들 주공(周公)이 지은 것으로 문왕이
덕을 닦아 천명을 받은 유래를 설명하고, 덕이 있으면 나라가 굳

건히 유지되지만, 덕이 없으면 결국 나라가 망한다는 것을 경계한 시이다.

쉽게 풀어보면 문왕의 덕이 대대로 후세에까지 미쳐 그가 계획했던 모든 일들—역성혁명, 국태민안—이 조심스럽게 이루어져 왔는데 이는 이 나라의 훌륭한 인재들이 많이 모여서 나라의 기둥이 되었기 때문이다. 따라서 문왕의 혼령도 이렇게 훌륭한 인재들 때문에 편히 계시게 되었다는 뜻이다.

'진초지부불가급(晉楚之富不可及)'이라는 말도 있다. 진나라와 초나라는 인재와 자원이 풍부하여 도저히 이 나라를 따르지 못한다는 말로서 강력한 국가를 평가할 때 쓰는 말이다. 〈맹자〉 '공손추' 하편에 나오는 말이다. 그러나 여기서 말하는 풍부함이라든가 강력함은 어디까지나 현세적(現世的)이요 물질적 차원을 의미할 뿐이다.

맹자가 말했다.

"증자(曾子)께서 말씀하시기를, '진나라와 초나라의 풍요로움은 대단해서 우리나라(노나라)가 도저히 이를 당할 수 없다. 그러나 저들이 부자인 것을 자랑삼아 들고나온다면 나는 나의 어진 것으로 대응하고, 저들이 그 벼슬이 높음을 자랑으로 한다면 나는 나의 의(義)로써 대응할 것이니 내 어찌 한탄하리!' 하셨으니 어찌 옳은 말이 아니겠느냐?"

물살을 거슬러 오르는 물고기

후한 말엽, 환제(桓帝) 때 일이다. 발호(跋扈) 장군이라는 별명을 가진 횡포한 외척 양기(梁驥)가 죽임을 당하자, 이를 대신하여 단초(單超) 등 소위 오사(五邪)의 환관이 포학을 마음대로 하기 시작했을 때, 일부 관료들은 이에 대해 과감한 항쟁을 전개하여 드디어 '당고(黨錮)의 화(禍)'라 불리는 대규모의 탄압까지 받게 되었다. 이 항쟁의 중심이 되고 정의파 관료 중의 영수인 이응(李膺)이란 사람이 있었다.

이응은 자사 태수를 역임하고 오환교위(烏桓校尉), 탁료장군(度遼將軍) 등의 군직도 맡아서 이름을 남겼으나, 환관의 비위를 거슬러 한때는 옥에 갇히기도 했지만, 뒤에 선배의 추천으로 사례교위(司隸校尉)가 되었다.

그즈음 궁정에는 환관이 득세하여 퇴폐해지고 있었는데, 이응은 홀로 절조를 지켰으므로 명성은 점점 더 높아갔다. 청년 학생들은 그를 흠모하여 '천하의 모범은 이원례(이응의 字)'라 칭찬했고, 신진 관료들도 그와 알게 되고 그의 추천을 받는 것을 큰 영광으로 알아 이를 '등용문(登龍門)'이라 했다.

용문(龍門)은 황하 상류에 있는 한 계곡의 이름인데, 물살이 매우 급해 물을 거슬러 올라가는 큰 고기도 좀처럼 그곳을 오르기 어려웠다. 한번 그 급류를 거슬러 오르기만 하면, 그 고기는 곧 용이 된다고 전해 오고 있었다. 따라서 등용문, 용문을 오른다는 것은 대단히 어려운 것을 돌파하여 약진의 기회를 얻음을 의미하는 말이다.

이응의 문하에 모여든 신진 관료들의 경우는 천하의 명사들 속에 끼여 정의의 정치에 몸을 바칠 수 있다는 순진한 동기에서 이 말을 만들었을 것이다. 그러나 속된 말로는 출세의 실마리를 붙드는 일이 등용문이다. 중국에서는 특히 진사 시험에 합격하는 것이 입신출세의 제일보라는 뜻으로 '등용문'이라 불렀다. 〈후한서〉 '이응전(李膺傳)'에 전하는 얘기다.

한편, 등용문의 반대 뜻으로 '점액(點額)'이란 것이 있다. 용문을 오르려고 급류에 뛰어든 물고기들이 물의 기세를 이기지 못하여 바위 모서리에 이마를 부딪고 비틀거리며 다시 하류로 떨어져 내리는 일, 즉 출세 경쟁의 패배자나 낙제생을 두고 하는 말이다.

다수 속의 극소수

평범한 사람이 수련을 통해 등용문을 통과하고 세상이 알아주는 명실상부한 인재로 거듭나기까지는 혹독한 시련과 고통이 따르기 마련이다.

좌구명이란 사람이 있었다. 자세한 것은 알 수 없지만 공자의 행적을 남긴 '논어'에 좌구명에 관한 얘기가 두 번 나온다. 좌구명은 눈이 멀었을 때 '국어(國語)'라고 하는 역사책을 남겼다. 사마천(司馬遷)은 또 누구인가? 다 알다시피 천하제일의 역사책인 '사기'를 지은 사람이다. 사마천은 궁형(宮刑)을 당하고 나서 그 좌절을 딛고 '사기'를 지었다. 이 두 사람의 업적이 모두 불구의 상태에서 나왔음을 상기한다면 인간의 육체적 불구는 아무것도 아닌 것 같다.

그런 예는 또 있다. 주나라의 시조라고 할 수 있는 문왕은 감옥에 갇혔을 때 '주역'을 남겼다. '주역'은 진시황이 천하의 모든 책을 불사르고 선비들을 땅에 묻어 죽일 때도 불사르지 않은 책이다. 그만큼 중요한 서적으로 수천 년을 내려온 것이다.

다산 정약용 같은 사람은 무려 18년 동안이나 귀양살이하면서 많은 저서를 남겼다. 추사 김정희는 제주도에서 9년 동안 귀양살이를 하면서 자신의 예술을 극치에 올려놓은 추사체를 완성하였다.

이들 중에서도 사마천의 일대기는 특히 고금의 교훈이 되고 있기에 소개한다.

사마천이 이능(李陵)을 변호해 주다가 궁형(남자의 성기를 없애는 형)을 받게 된 데에는 사정이 있었다. 천한(天漢) 2년, 이능은 이광리(李廣利)의 별동대가 되어 흉노 정벌에 나아갔었다. 그는 변경에서 이름을 날린 이광(李廣)의 손자이다.

이능은 겨우 5천의 군사를 거느리고 있었으며, 게다가 기마는 가지지도 못했었다. 그런데도 적의 주력과 맞부딪혀 몇십 배나 되는 적과 십여 일에 걸쳐 싸웠다. 이능으로부터 전황 보고를 가지고 가는 사자가 올 때마다 서울에서는 천자를 비롯하여 모든 벼슬아치가 축배를 들고 기뻐했다. 그러나 그가 싸움에 졌다는 보고를 받자, 천자와 대신들은 더할 수 없이 슬퍼했다.

그 이듬해에 죽은 줄로만 알았던 이능이 흉노에게 항복하여 후한 대접을 받고 있다는 사실이 알려졌다. 한 무제는 이 소식을 듣고 불같이 노하여 이능의 일족을 모두 잡아 죽이려 했다.

뭇 신하들은 자기 몸의 안전과 이익을 위해 무제의 얼굴빛을 살피며 이능을 위해 한마디 말도 하지 못했다. 조정에는 벌써 어두운 구름이 끼기 시작한 때였던 것이다. 이때 오직 한 사람, 이능을 위해 변호한 사람이 사마천이었다. 사마천은 일찍이 '이능이란 사나이는 생명을 내던지고서라도 난지(難地)로 뛰어드는 애국의 무인(武人)'이란 것을 알고 있었다. 해서 그는 역사가로서의 준엄한 눈으로 일의 진상을 뚫어보고 대담 솔직하게 말하지 않고는 견디지 못했던 것이다.

"황공하오나 아뢰옵니다. 이능은 근소한 병력으로 억만의 적과 싸워 오랑캐의 왕을 떨게 하였사옵니다. 그러하오나 원군(援軍)은 이르지 않고, 아군 속에서 반역자가 생기게 되어 부득이한 일이 아닐 수 없었사옵니다. 그래도 이능은 병사들과 함께 사람으로서 할 수 있는 데까지 힘을 발휘한 명장이라 해도 과언이 아닌 줄 아옵니다. 그가 흉노에게 항복한 것도 필시 뒷날 한에 보은할 의도가 있는 까닭이 아니오리까. 이러한 때에 이능의 공을 천하에 드러내 주심이 옳은 줄 아옵니다."

이 말을 들은 무제는 크게 노하여 '사마천은 이광리의 공을 가지고 이능을 두둔하려 든다'고 하여 사마천을 옥에 가두었을 뿐 아니라, 드디어는 궁형에 처했다. 궁형은 남자의 자격을 잃을 뿐 아니라, 수염이 없어지고 얼굴이 말쑥해지며 성격까지도 변한다는 형벌이다.

사마천 자신도 이 형벌을 가장 하등의 치욕이라고 말한다. 그러나 그는 '세인(世人)은 내가 형을 받은 것쯤 구우(九牛)의 일모(一毛)를 잃은 것으로밖에 생각하지 않을 것이라'라고 말했다.

왜 사마천은 살아서 그러한 치욕을 견디지 않으면 안 되었을까. 이런 형을 받는 사람은 비록 종이라도 스스로 목숨을 끊는 일이 많은데, 어째서 목숨을 끊지 않았을까. 거기에는 그의 저서인 〈사기〉를 완성하기 위한 큰 뜻이 있었다.

그의 부친 사마담(司馬談)은 성력(星曆)과 제사(祭祀)를 맡은 태사령(太史令)이란 직책을 가졌던 사람으로, 죽을 때 통사(通史)를 기록하라고 유언했었다. 사마천으로서는 〈사기〉를 완성하지 않고서는 죽으래야 죽을 수 없는 것이었다. 아버지와 아들의 뜻이

불같이 일어 사마천의 집념이 되어 그는 설령 세상 사람들이 아무리 비웃는다 해도 창자가 끊어지는 듯한 괴로운 심정에서도 붓을 놓지 않고 써 나갔다. 속된 무리에게는 알 도리 없는 괴로움을 맛보면서 그는 〈사기〉 130권을 완성한 것이다.

'구우의 일모'는 문자 그대로 아홉 마리 소의 털 가운데 한 오라기 털로, '다수 속의 극소수', '수에도 들지 않는 일'을 의미한다.

개천에서도 용은 난다

어려운 환경을 이기고 뜻을 세워 노력하여 목적을 달성한 사람의 전기를 '입지전'이라 한다. 이런 인물들에 관한 얘기를 전할 때 자신의 출신이나 환경을 탓하는 사람들이 있다. 그런 이들에게 해 주고 싶은 말이 '귀주출천방(貴珠出賤蚌)'이다. 귀한 진주가 조개의 음정(陰精)에서 나온다는 말로 보잘것없는 데서 훌륭한 물건이 나온다는 뜻이다. '포박자'에 나오는 말인데 '개천에서 용 났다'라는 우리 속담과 뜻이 같다.

우리 역사 속에서 그 전형적인 인물을 소개한다. 바로 정충신(鄭忠信) 장군(1576~1636)이다. 그는 조선조 인조 때의 장군으로 이괄(李适)의 반란을 진압한 일등 공신이다. 그는 원래 미천하기 짝이 없는 집안에서 태어났다. 그의 부친은 광주(光州) 목사의 통인(通人)이었고, 모친은 못생겼기로 소문난 관비였다. 그러나 그는 어려서부터 총명이 남달라 신동 소리를 들으며 커왔는데, 마침 광주 목사로 부임한 권율 장군의 총애를 받아 그의 막내 사위가 되었다.

임진왜란이 터지고 그는 장인을 옆에서 보좌하며 기발한 계략을 생각해 내 권율 장군이 승승장구하게 했다. 이러한 충신의 업적이 선조의 귀에까지 들어가 선조는 충신을 면천시켜 주기까지

하였다.

　광해군의 시대를 거쳐 인조 대에 들어서면서 그의 능력은 더욱 발휘되어 이괄의 난을 평정하니 인조는 그에게 공 일등에 금남군(錦南君)을 봉하고 평안 병사 겸 부원수(副元帥)를 겸직하게 했다. 또한 누르하치의 후금(後金)이 우리나라를 침범했을 때도 충신이 사신을 자청, 형제지국(兄弟之國)의 예를 맺기로 하고 강화를 성공시켜 전란의 화를 모면시켰다. 미천한 집안에서 태어나 문무겸전(文武兼全)의 장군으로 성장한 입지전적 인물의 전형이다.

아는 사람은 말하지 않는다

'아는 사람은 말하지 않는다'라는 경문이 있다. 또는 '안다고 말하는 사람은 모르는 사람이다'라고 표현하기도 한다. 노자(老子)는, "아는 사람은 말하지 않는다. 말하는 사람은 모르는 사람이다."라고 했다. 도(道)라고 하는 것을 말로써 나타낼 수는 없는 것이다. 도를 알 수는 있더라도 그것을 말로 하기는 어렵다. 그래서 정말 도를 깨친 사람은 말하지 않는다는 것이다. 그것은 말로써 할 수 없기 때문이다.

'아는 사람은 말하지 않는다'라는 말과 비슷한 말에 '능히 할 수 있는 자는 반드시 말하지 않고, 능히 말하는 자는 반드시 행하지 않는다'라는 말이 있다. 〈사기〉에 보면,

"세상에 군사(軍事)를 말하는 자는 누구나 손자(孫子)와 오자(吳子)의 병법을 들지 않는 이가 없다. 그러므로 사기에서는 병법을 논하지 않고, 다만 이 두 사람의 행위와 시책에 대해서만 적었다."

라고 했다.

손자(孫子)는 확실히 계략이 뛰어났다. 그러나 그 자신은 다리가 잘리는 형벌을 받는 것을 미리 막지 못했다. 오자(吳子)는 무후(武後)에게 '산화의 형세도 임금의 덕에 미치지 못한다'라고 말했

었다. 그러나 그가 초나라에서 정치를 담당했을 때 각박하고 잔인하기가 그보다 더할 수 없었다. 그는 자기 명에 죽지도 못했다. 병법을 그처럼 잘 알았던 손자와 오자도 자기 일신상에 닥치는 일에 대해서는 그처럼 몰랐던 것이다.

'기문호자신필박(其文好者身必剝)'이라는 말이 있다. 호랑이나 표범과 같이 아름다운 무늬를 가진 짐승은 그 가죽을 벗겨 이불이나 옷으로 쓰기 때문에 그 잘난 가죽으로 인하여 오히려 화를 입게 된다는 말로서, 재주 많고 빼어난 사람에게는 적이 많다는 뜻이다. 〈안자춘추(晏子春秋)〉에 나오는 말이다.

안자가 말했다.
"…또한 뿔이 아름다운 짐승은 반드시 죽임을 당할 것이고, 맑은 샘물은 반드시 메마를 정도로 물을 떠 갈 것이며, 곧고 쭉 뻗은 나무는 반드시 베임을 당할 것이다."

〈삼국지〉에 보면 재주가 너무 뛰어나서 죽은 사람이 있으니, 그가 바로 '계륵(鷄肋)'으로 유명한 양수(楊修)라는 인물이다. 그는 명문가 출신으로 재기발랄하고 두뇌 회전이 빨라 누구도 당해내질 못했다.

일찍이 조조에게 발탁되어 식량의 관리, 공급 등을 맡는 중요한 임무를 막힘없이 처리해 총애받았으나, 조조보다 한발 앞서는 뛰어난 재능으로 인해 결국 조조의 질투 섞인 경계 대상으로 떠오르기 시작했다.

더욱이 양수는 조식(曹植)의 참모로 맹활약했기 때문에 이미 조비(曹丕)를 후계자로 정한 마당에 양수의 존재가 장차 분란의 씨가 되리라고 판단한 조조는 그를 간첩죄로 몰아 죽이고 만다.

키워드
Key Word

인재와 둔재

연석(燕石)

장삼이사(張三李四)

수주대토(守株待兎)

각주구검(刻舟求劍)

좌정관천(坐井觀天) ‖ 정저지와(井底之蛙)

군맹평상(群盲評象)

견백동이(堅白同異)

문기자(問奇字)

마이동풍(馬耳東風) ‖ 우이독경(牛耳讀經)

사이비(似而非)

낭중지추(囊中之錐)

무재(茂材)

준혜(俊慧)

현두각(見頭角)

군계일학(群鷄一鶴)

칠보지재(七步之才)

동공이곡(同工異曲)

낙양지가귀(洛陽紙價貴)

백미(白眉)

철중쟁쟁(鐵中錚錚)

국사무쌍(國士無雙)

다사제제(多士濟濟)

진초지부불가급(晉楚之富不可及)

등용문(登龍門)

구우일모(九牛一毛)

입지전(立志傳)

귀주출천방(貴珠出賤蚌)

기문호자신필박(其文好者身必剝)

제2장

학문과 독서

군자지학 비위통야

君子之學 非爲通也

위궁이불곤 우이의불쇠야

爲窮而不困 憂而意不衰也

지화복종시이심불혹야

知禍福終始而心不惑也

군자가 학문을 하는 목적은 영화를 누리며 살기 위해서가 아니고, 어려운 처지에서도 곤혹스러워하지 않고 우환을 겪으면서도 의지가 꺾이지 않으매 화와 복의 시작과 끝을 알아 마음이 미혹되지 않기 위해서다.

〈순자(荀子)〉 '유좌(宥坐)'에 있는 말이다. 모든 생명체는 저마다의 일생대(一生代)를 가진다. 그 사람이 한 삶을 살아가는 동안 잉태, 출생, 사망 세 가지를 빼고는 모두 자기의 책임 아래 영위한다. 그리고 평생을 배우면서 살아가는데 그가 배운 내용이 바로 그의 삶의 형식과 질을 결정하게 되는 것이다.

누굴 위해 학문을 닦는가

　남을 위하여 학문을 하는지 자기 자신을 위하여 학문을 하는지 [→위인지학 위기지학(爲人之學 爲己之學)] 분명 짚고 넘어가야 할 문제이다. 공자는 '논어'에서 말하기를,

　"예전의 학자는 자기를 위하여 학문을 하더니 요즘의 학자는 남을 위해서 학문을 하는구나."

하면서 당시의 폐해를 개탄하였다. 곧 학문은 남을 위해서 하는 것이 아니라 자기 자신을 위해서 한다는 결론이다. 그것이 동양에 전통적으로 내려오는 학문의 목적이다. 이 때문에 예전의 선비들은 자신의 수양에 학문의 근본을 두었다. 따라서 학문을 통해 어떤 벼슬을 한다거나 하는 것은 제2차적 목적에 지나지 않았다. 남을 위해서 학문을 한다는 것은 어찌 보면 위선일 수도 있다. 그리고 그것은 남에게 자기를 보이기 위한 수단으로 사용되기 때문에 본질적인 학문을 한다고 할 수 없다. 자신의 학문을 위해서 가장 먼저 해야 할, 그리고 행동에 삼가야 할 일들은 소위 '경(敬)'이니 '신독(愼獨)'이니 해서 이러한 학문 방향에 온 정성을 쏟았다.

　우리는 조선시대 선비의 전형으로 화담 서경덕(徐敬德)을 손에 꼽고 있다. 그것은 자신의 학문을 누구에게 과시하려는 뜻이 없고 다만 자신의 인생 수양에 제1차적인 목적으로 삼아 살았기 때문

이다.

　실사구시(實事求是), 실제 있는 일로써 올바른 이치를 구한다는 말은 학문의 가장 긴요한 길이다. 만일 실제로 있지도 않는 것으로 일을 삼아 다만 텅 비고 엉성한 꾀로써_以空疏之術_ 방편을 삼고, 그 올바른 이치를 구하지 않고 다만 먼저 들은 말로써 주장을 삼는다면 그것은 성현의 도에 어긋나 치닫지 아니한 것이 없지 않다.

　가만히 생각건대 학문의 길을 기왕의 요임금, 순임금, 우임금, 탕왕, 문왕, 무왕, 주공 등 고대 중국의 성군들로써 귀결을 삼는다면 곧 마땅히 실제 있는 일로써 올바른 이치를 찾아야 할 것이요, 그것은 헛된 이론으로써 그른 데로 달아날 수 없으니, 배우는 사람이 경전의 음과 훈을 바로잡은 한나라 유자(儒者)들의 고증과 주석에 관한 정밀한 연구를 존중한다면 이것은 진실로 옳은 일이다. 학문은 남에게 보이기 위한 위인지학(爲人之學)을 해서는 안 되고, 자기 자신을 위해서 하는 위기지학(爲己之學)을 해야 한다.

대학의 도 大學之道

明明德於天下者 先治其國 欲治其國者 先齊其家 欲齊其家者 先修其
身 欲修其身者 先正其心 欲正其心者 先誠其意 欲誠其意者 先致其知
致知在格物

밝은 덕을 천하에 밝히려 하는 자는 먼저 자기 나라를 다스려야 하
고, 나라를 다스리려 하는 자는 먼저 집안을 화평하게 해야 하고, 집
안을 화평하게 하려는 자는 먼저 자기 몸을 수양해야 하고, 자기 몸
을 수양하려는 자는 먼저 자기 마음을 바르게 해야 하고, 마음을 바
르게 하려는 자는 자기의 뜻을 성실히 해야 하고, 뜻을 성실하게 하
려는 자는 먼저 지혜를 이루어야 하고, 지혜를 이루는 길은 사물에
대해 철저히 연구해야 한다.

物格而后 知至 知至而后 意誠 意誠而后 心正 心正而后 身修 身修而
后 家齊 家齊而后 國治 國治而后 天下平

사물에 통달한 후에야 지혜가 이르고, 지혜가 이른 뒤에야 뜻이 성
실해지고, 뜻이 성실해진 후에야 마음이 바르게 되고, 마음이 바르
게 된 후에야 몸의 수양이 되고, 수양이 된 이후에야 집안이 화평해

지고, 집이 화평한 후에야 나라가 다스려지고, 나라가 다스려진 후에야 천하가 평화롭게 된다.

교육이란 무엇인가?

천명을 성(性)이라 하고

天命之謂性

성을 따르는 것을 도(道)라 하고

率性之謂道

도를 닦는 것을 교(敎)라 한다.

修道之謂敎

〈중용〉에서는 위와 같이 성, 도, 교를 정의하였다. 곧 교육이란 다름이 아니라 도를 닦는 것이라 하였고, 다시 그 도는 성을 따르는_率性_ 것이라 한 것이다. 그러므로 결론적으로 말하면 교육이란 바로 하늘이 인간에게 부여한 천명을 닦는 것이다. 이 경우 천명이란 바로 선(善)한 것이다. 왜냐하면 하늘이 인간에게 부여한 것이 악(惡)한 것일 리가 없다는 것이다. 물론 이 논리는 맹자의 '성선설'을 기초로 한 것이다. 주자학에 학문의 근본을 두었던 우리 선조들은 교육의 목표를 도를 닦는 데 두었다는 것이다.

학문에 임하는 태도

제나라 경공(景公)이 정치의 중요한 요점을 물었을 때 공자는 이렇게 대답했다.

"임금은 임금다울 것이요, 신하는 신하다우며 아비는 아비답고, 자식은 자식다워야 할 것이라."

임금은 어진 사랑과 위엄을 가지고 신하를 대하고, 신하는 임금에게 충절을 다하며, 아비는 자애와 위엄으로서 자식을 대하고, 자식은 아비에게 효를 다한다. 이것이 곧 인간의 의지를 넘은 '하늘의 가르침'이라고 공자는 생각하고 있었다. 그는 서주의 씨족제 봉건사회를 하늘의 뜻으로 된 이상적인 사회라고 보았다. 서주에서는 개인은 집안에 속하고 집안의 주권은 가부장에게 있다. 가부장은 가족 전원을 통솔하며, 피를 같이 하는 다른 집의 가부장들과 함께 씨족에 속하며, 씨족의 주권은 족장에게 있다. 족장은 씨족 전원을 통솔하여 다른 씨족의 족장들과 함께 제후를 따르며, 제후는 자기를 따르는 전 족장을 이끌고 천자를 따른다. 족장—가부장—개인의 종속관계를 유지하기 위해 요구된 것이 '효(孝)'라는 도덕이요, 천자—제후—족장이라는 관계를 유지하기 위해 요구되는 것이 '충(忠)'이라는 도덕이다.

그런데 서주 말기에 이르러 노동의 생산력이 증대됨에 따라 천자와 제후 간의 힘의 균형이 깨지고, 동주에 이르자 이미 천자로서의 지배권은 사실상 잃어버리게 되었다. 제후는 또 신하로 따르는 족장에게 토지를 나눠 주고 있었으므로 이 역시 같은 현상이 나타나서 춘추시대에 와서는 제후 —유력한 족장 간의 힘의 균형도 깨어져, 때때로 유력한 족장들이 제후를 죽이거나 폐위를 시키는가 하면, 통치권을 관리하기도 했다.

이러한 힘 관계의 불균형은 족장—가부장 사이, 가부장—개인 사이에도 일어나서 공자가 태어난 춘추 말기에는 천자—제후—가부장—개인이라는 권력의 피라미드 구성은 극단적으로 어지럽혀져 모든 게 '힘'에 의해 지배되고, 이와 함께 인간이 '개인의식'을 자각하여 극도로 이기적인 경향으로 흐르게 되었다.

유일의 존재로서의 '하늘'을 믿고, 주조(周朝)의 천자 권위는 하늘이 내려주신 거로 생각하는 공자가 사회의 평화와 질서를 바랄 때, 서주의 옛날 제도를 그리워하고 그 도덕을 동경했을 것은 말할 것도 없는 일이다.

공자의 조국 노나라에서는 삼환씨(三桓氏)라고 불리는 유력한 세 씨족이 임금을 국외로 내쫓아 객사하게 했으며, 이웃 나라인 제에서는 유력한 귀족 최 씨가 자신의 소실을 범한 임금을 죽였는가 하면, 그 소실의 아들에게 상속의 권리를 주려다가 정실 자식에게 죽임당하고 있다.

또 공자가 오랫동안 살고 있던 위나라에서는 임금이 남색에 탐닉해 있었으므로 정실부인이 딴 사내를 두었고, 이를 부끄럽게 여긴 태자가 어머니를 살해하려다가 국외로 도망치기도 했다. 그리고 이 태자는 남색을 좋아하는 아버지의 왕위를 이은 아들로부터 왕위를 빼앗으려고 싸우게 되었고, 이 난리에서 공자의 애제자 자로가 죽기도 했다.

서주의 질서 있는 사회를 다시 이룩해 보고 싶다는 비원(悲願)을 품고 공자는 조국 노나라에서도 노력했고, 중원을 유랑하며 가는 곳마다 제후들에게 그 뜻을 퍼뜨렸다. 그러나 씨족이라는 굴레에서 해방된 개인과 권력을 쥔 경(卿)과 대부(大夫)와 사(士)라는 신하들이 그런 것을 배격하지 않을 리가 없다.

"아침에 도(道)를 들으면 저녁에 죽어도 좋으니라[朝聞道夕死可矣]."

늙은 공자의 입에서 새어 나온 탄식이었다.

위의 하안(何晏) 등으로 대표되는 '논어'의 고주(古註)의 해석에 의하면,

"아침에 온 세상에 도가 행해지고 있다는 것을 들으면 저녁에 죽어도 좋다."

라고 되어 있지만, 남송의 주희(朱熹)의 신주(新註)에서는,

"아침에 도(사물의 당연한 이치)를 들으면 이로서 수양의 목적을 달성한 셈이므로, 그날 저녁에는 죽어도 가(可)하다."

라고 하는 구도(求道)에의 열정의 토로로 해석하고 있다. 〈논어〉'이인편(里仁篇)'에 나오는 얘기다.

간절히 묻고 생각하기

박학이독지 절문이근사 인재기중
博學而篤志 切問而近思 仁在其中

널리 배우고 뜻을 도타이 하며, 간절히 묻고 생각을 비근하게 하면
인(仁)이 그 속에 있다.

여기서 나온 말이 '독지(篤志)'다. 〈논어〉 '자장' 편에 나온다. 이를
다시 쉽게 말하면, 우선 많이 배워야 한다. 그리고 뜻을 굳게 세워
야 한다. 그리고 모르는 것이 있을 때 간절하게 물어서 모르는 것
이 없이 넘어가야 한다는 것이다. 그리고 비근한 예를 들어 생각
하고 판단해야 한다는 것. 이것이 바로 인(仁)이다. 널리 배운다는
것은 학교에 나가서 배우는 것만을 지칭하지 않는다. 아무것이라
도 교양을 쌓아야 한다는 것.
　또 옛날에는 묻지 않으면 더 이상 자세한 설명을 하지 않았다.
설명을 해 봐야 알고 싶어 하는 기본적인 태도가 갖춰지지 않아
알아듣지 못하기 때문이다. 하나를 가르쳐주면 열을 알아야만 가
르치는 사람도 신나는 법이다. 비근한 예를 들어 설명한 것으로는
〈논어〉에도 여러 곳에 나온다. 공자가 제자의 질문에 대답하는 경

우, 제자의 수준에 따라 가장 이해하기 쉬운 예를 들어가면서 대답하는 방법이다.

'인이불발(引而不發)'이라는 말이 있다. 화살을 끼우고 시위만 잡아당길 뿐 활을 쏘지 않는다는 뜻이다. 즉, 사람을 가르치고자 하는 데는 단지 공부하는 방법만을 말하고 그 중심은 말하지 않아 공부하는 자 스스로 터득하게 함을 이른다. 또 세력을 축적하여 시기를 기다리는 것을 이르기도 한다.

자식을 올바르게 가르치는 부모는 낚시하는 법을 가르쳐주지, 고기를 잡아서 주지를 않는다고 하였다. 그 자식이 스스로 살아갈 수 있도록 부모는 인도해 줄 뿐이다. 반드시 강한 자식으로 만들기 위해서만이 아니라 그렇게 함으로써 세상에 대해 좀 더 정확히 알 수 있게 되고 바르게 살아갈 수 있기 때문이다.

사숙과 온고지신

사숙(私淑)이란 은근히 옛 선조나 멀리 있는 사람의 덕을 사모하여 직접 가르침을 받지는 못했지만, 그 사람을 모범으로 삼아 자기의 인격을 수양해 나가는 것을 말한다.

맹자는 공자의 손자 자사(子思)한테 학문을 배웠다. 따라서 공자에게 직접 배우지 못했으나 그를 모범으로 삼아 그리워했다.

맹자가 말하길,

"군자가 끼친 은덕은 다섯 세대가 지나면 끊어지고, 소인이 끼친 은덕도 다섯 세대가 지나면 끊어진다. 나는 공자의 제자가 되지는 못했으나 이것을 사람들로부터 사숙(私淑)하였다."

하였으니 실제로 공자가 죽은 지 90년 뒤에 태어난 맹자는 다섯 세대인 150년 안에는 들어 있으므로 공자의 덕을 들을 수 있었다.

우리가 흔히 위대한 여성이라고 칭하는 신사임당을 지금에 와서도 본받으려고 노력하는 모습을 보면 이것 역시 사숙(私淑)에 해당한다고 할 수 있을 것이다.

온고지신(溫故之新)이란 말은 〈논어〉 '위정편(爲政篇)'에 나온다. 공자가 말하기를 '옛것을 익혀서 새것을 알면 가히 스승이 될 수 있다[→온고지신(溫故之新)]'라고 한 대목이다. 이 말은 '중용'에도 나온다. 한나라 때 대학자인 정현(鄭玄)은 여기에 주석을 달

기를,

"온(溫)은 읽어서 익힌다는 뜻이다. 처음 배운 것을 익힌 뒤에, 때때로 반복하여 익히는 것을 온고지신이라고 한다."
하였다. '논어' 주석에도 '온(溫)은 찾는다. 옛것을 찾는 것이다'라고 해서 '옛것을 찾는다'라고 해도 된다. 그리고 지신(知新)은 '새것을 안다'라는 뜻이다. 과거의 역사적 사실에 대한 인식과 오늘날의 새로운 사태에 대한 인식은 함께 필요 불가결한 사실이다. 오늘날 것은 알고 옛것을 모르는 것은 소경이라고 할 수 있다. 그러므로 스승이 되려면 옛것까지도 알아야 할 것이다.

온(溫)의 의미가 다른 뜻도 있다. 한약에 온담탕(溫膽蕩)이란 것이 있는데 이 약은 여러 약재를 섞어 녹여 만든 것으로 온몸에 훈기를 더해 준다고 한다. 곧, 여러 가지 지식을 한 데 섞어 충분히 녹인다는 의미다.

옥돌도 쪼지 않으면
그릇이 되지 않는다

옥석금철

玉石金鐵

유가탁마이위기

猶可琢磨以爲器

이황어인야

而況於人也

옥돌이나 금은 쇠붙이도 쪼고 갈아서 그릇을 만드는데 하물며 사람
에 있어서랴.

한나라 유향(劉向)의 〈신서(新序)〉에 있는 말이다. '옥돌도 쪼지
않으면 그릇이 되지 않는다[→옥불탁불성기(玉不琢不成器)]'는
말을 우리는 흔히 듣는다. 또 우리나라 속담에도 '구슬이 서 말이
라도 꿰어야 보배'라는 표현이 있다. 옥돌이나 금은 쇠붙이를 정
교하게 갈고 정련해 놓으면 사람들은 이를 금은보화로 귀하게 여
긴다. 그러나 대부분은 그것들이 원석으로 채굴돼 정련 가공되는
과정을 잘 모르고 눈앞의 현란한 모양만을 보고 경탄한다. 사람은
태어나면서부터 지각 능력을 지니고 있고 저마다 특출한 재능을

지니고 있기 때문에 효과적으로 이를 배양하고 교육하면 큰 재목이 될 수 있는 것이다. 그것을 잘 알기에 예부터 우리 부모들은 자녀 교육을 위해 물심양면으로 노력을 게을리하지 않았다. 남다른 노력과 현명한 처신으로 훌륭한 자녀를 길러낸 대표적인 인물이 바로 맹자의 어머니다.

우리가 잘 알고 있는 '맹모삼천지교(孟母三遷之敎)'는 맹자의 어머니가 세 번을 이사하면서 자식을 가르쳤다는 뜻으로, 어머니의 교육이 자식에게 얼마나 커다란 영향을 미치는지를 강조한 말이다. 한나라 유향(劉向)이 편찬한 〈열녀전(列女傳)〉에 실려 있다.

맹자의 집은 본디 공동묘지 부근에 있었다. 어린 맹자는 장사지내는 흉내를 내면서 놀았다. 그래서 그 어머니는 시장 근처로 이사 갔다. 그랬더니 이번에는 장사하는 흉내를 내며 놀았다. 이곳도 자식을 기를 곳이 못 된다고 생각한 맹자의 어머니는 서당 부근으로 이사를 했다. 그러자 맹자는 글 읽는 놀이를 하면서 놀았다. 이를 본 맹모는 비로소 정착하여 오래도록 살았다.

'맹모삼천지교'와 의미는 같으나 내용은 다른 말로 '단기지교(斷機之敎)'라는 말이 있다. 맹자가 글을 읽다가 때려치우고 집으로 돌아왔다. 베를 짜던 맹모는 자식을 보자 아무 말도 없이 칼을 들어 거의 완성된 베를 잘라 버렸다. 깜짝 놀란 맹자가 물었다.

"어머니, 다 된 베를 왜 잘라 버리십니까?"

"네가 글을 읽다가 중도에 포기한 것이 내가 이 베를 자른 것과 무엇이 다르단 말이냐?"

추상같은 어머니 말씀에 충격을 받은 맹자는 다시 열심히 글을 읽어 성인(聖人)이 되었다. 이것이 '단기지교'다.

아들의 성공을 위해 눈물겨운 희생을 아끼지 않은 어머니도 있다. 진우라는 인물이 어려서 독서를 아주 좋아했다. 그러나 집이 가난해서 책을 살 수가 없었다. 어머니 장 씨가 머리카락을 잘라서 책과 바꾸어 그것을 읽게 해 주었다. 그렇게 열심히 공부한 진우는 마침내 훌륭한 학자가 되었다. 여기서 유래한 말이 '전발역서(翦髮易書)'다. 머리카락을 잘라 책과 바꾸었다는 말이니 어머니나 아내가 자식이나 남편을 위해 눈물겨운 뒷바라지를 한다는 뜻이다. 〈원사(元史)〉 '진우전(陳祐傳)'에 나온다.

이와 비슷한 이야기가 우리나라에도 있다. 옛날 암행어사가 밤길을 가고 있었다. 문득 어느 집 앞에 다다르자, 그 집에서 무슨 소리가 들렸다. 가만히 서서 귀를 기울이니 북소리도 들리고, 흐느끼는 소리도 들리고, 노랫소리도 들리는 것이었다.

희한하게 생각한 어사가 문틈을 비집고 몰래 살펴보니 남자 한 명이 북을 치고, 머리를 수건으로 둘러쓴 젊은 아낙이 노래를 부르며 춤을 추고, 아랫목에는 노파 한 명이 얼굴을 묻고 울고 있었다. 더욱 궁금증이 인 어사가 체면 불고하고 들어가서 그 까닭을 물으니 그 남자가 말했다.

"오늘은 저의 어머님 생신입니다. 그러나 집이 워낙 가난해 변변히 차려드릴 수가 없어서 아내의 머리카락을 잘라 고기 상을 차려드리고 어머님께서 즐거우시라고 이렇게 북 치고 노래를 부르는 것입니다."

이들의 갸륵한 효성에 감격한 어사가 서울로 돌아온 후 임금님께 아뢰니 임금도 감격한 나머지 이들에게 후한 상을 내렸다는 얘기다.

원하는 것을 성취하려면

무작정 책장만 넘긴다고 해서 학문을 이룰 수 있는 것은 아니다. 공부하는 데도 다 방법이 있다는 얘기다. 학문을 함에 있어 선현들은 어떤 점에 유의했을까? 먼저, 〈열자(列子)〉 '탕문(湯問)'에 있는 조언이다.

양궁지자 필행위기
良弓之子, 必行爲箕
양야지자 필선위구
良冶之子, 必先爲裘

좋은 활을 만드는 사람은 반드시 먼저 삼태기 엮는 일부터 익히고, 좋은 대장장이는 반드시 먼저 가죽옷 만드는 일부터 한다.

활은 탄력이 좋아야 화살이 멀리까지 나간다. 활의 탄력을 유지하기 위해서는 물푸레나무와 물소 뿔을 잘 다듬어 붙이고 잡아 휘어야 한다. 싸리나무 가지를 휘어 삼태기를 엮는 일은 바로 그러한 솜씨를 익히는 데 있어서 좋은 기초 훈련 과정이 된다. 대장장이는 딱딱한 쇠붙이를 불에 달구어 여러 가지 모양의 도구를 만든

다. 쇠붙이를 두드려 펴고 휘고 자르는 데는 가죽옷 만드는 일이
좋은 기초 훈련 과정이 된다. 즉, 기초가 단단해야 학문이 바로 설
수 있다는 얘기다.

다음은 〈묵자(墨子)〉 '상동(尙同)' 편에 있는 말이다.

조기시청자중
助己視聽者衆
즉기소문견자원의
則其所聞見者遠矣

자기를 도와서 보고 듣는 사람이 많으면 자기가 듣고 보는 범위가
그만큼 원대해진다.

요즘으로 말하자면 각종 정보 매체를 잘 활용하라는 얘기다. 아
니면 혼자 공부하기보다는 스터디그룹 같은 걸 만들어서 서로의
지식과 정보를 공유하라는 얘기다. 세상은 넓고 쉴 새 없이 변하
고 발전한다. 한 사람이 그 넓은 세상을 두루 다 다닐 수 없고, 또
그 많은 일들을 빼놓지 않고 고루 다 보고 들을 수 없다. 따라서
보다 넓은 세상에서 일어나는 보다 많은 일들을 알기 위해선 자기
를 대신해 그 넓은 세상을 돌아다니고 자기를 대신해 그 많은 일
들을 보고 들어주는 무엇인가가 필요할 것이기 때문이다.

한편, 현장 학습을 강조하기도 한다. 청나라 묘연(廖燕)이 '답소
사서(答小謝書)'에서 이런 말을 하고 있다.

무자서자

無字書者

천지만물시야

天地萬物是也

고인상취지부진

古人嘗取之不盡

이상류어천지간

而尙留於天地間

일재목전이인부지독

日在目前而人不知讀

글자가 없는 책이 있으니 천지 만물이 바로 그것이다. 옛사람이 이를 취했으나 다 없어지지 않고 아직도 하늘과 땅 사이에 남아있으며, 날마다 눈앞에 펼쳐지는데도 사람들은 이를 읽을 줄 모른다.

사람들은 어려서부터 글자를 익히고, 글자로 적힌 책을 읽고 지혜와 지식을 쌓아 나간다. 그러나 문자로 기록되거나 저술된 책을 통해 얻어지는 지혜나 지식은 천지 만물, 즉 자연을 통해 배우고 익히는 지혜나 지식에 미치지 못하며 불완전하다. 자연을 읽을 줄 모르는 사람은 그야말로 눈뜬장님이라 할 것이다. 학자라면 모름지기 세상의 이치를 득해야지 먹물만 가득 찬 책상물림이어서는 안 된다는 얘기다.

현장 체험의 중요성을 강조한 경구가 또 있다. 한나라 유향(劉向)이 〈설원정리(說苑政理)〉에서 한 말이다.

이문불여목견

耳聞不如目見

목견불여족천지

目見不如足踐之

귀로 듣는 것은 눈으로 보는 것만 못하고, 눈으로 보는 것은 발로 직접 찾아가 보는 것만 못하다.

백 번 듣는 것이 한 번 보는 것만 못하다[→백문불여일견(百聞不如一見)]는 말이다. 〈한서〉 '조충국전(趙充國傳)'에 다음과 같은 이야기가 전한다.

한나라 선제(宣帝) 때 서북방에 사는 티베트계 유목민이 반란을 일으켰다. 이에 앞서 강(羌)의 선령(先零)이라는 한 종족이 황수(湟水) 북쪽에서 유목하는 것을 허락받고 있었다. 그들은 풀을 따라 남쪽 물가에까지 이르렀는데, 정벌군으로 나온 한나라 장군이 갑자기 선령의 중요한 사람 천여 명을 죽였다. 선령은 크게 노하여 한군으로 쳐들어갔는데, 그 세력이 대단하여 한군은 크게 패해 쫓겨 갔다.

이때 선제는 어사대부(御史大夫) 병길(丙吉)을 후장군(後將軍) 조충국(趙充國)에게로 보내 누구를 토벌군 대장으로 하는 것이 좋을까를 묻게 했다.

조충국은 그때 이미 나이 70을 넘은 사람이었다. 그는 젊을 때부터 흉노와의 전쟁에서 활약해 왔다. 무제 때 이사장군(貳師將

軍) 이광리(李廣利) 밑에서 원정했다가 흉노의 군세가 강하여 전군이 포위당했었는데, 먹을 것도 없이 사상자가 많았다. 그때 충국은 백여 명의 군대를 거느리고 돌진하여 몸에 20여 군데나 상처를 입으면서도 기어이 포위망을 뚫어 전군을 구해 냈었다.

그때 한 무제는 그 상처를 보고 놀라며 그를 동기장군(東騎將軍)에 임명하였다. 그로부터 그의 대(對) 흉노, 대(對) 강의 생애가 시작된다. 그는 침착하고 용감하여 큰 계략을 가지고 있는 터라, 확실히 제의 물음을 받을 만한 인물이었다.

그는 선제의 물음에 이렇게 대답했다.

"이 노신(老臣)보다 나은 사람은 없을 줄 아옵니다."

선제는 불러 다시 물었다.

"장군이 강을 친다고 하면 어떤 계략을 쓰겠으며, 얼마만큼 군대를 쓸 것인지 말해 보오."

조충국은 대답했다.

"백 번 듣는 것이 한 번 보는 것만 같지 못합니다. 대저 군사의 일은 실제로 보지 않고 먼 곳에서 계량하기 어려운 것이기에, 원하건대 금성군(金城郡)에 가서 도면을 놓고 방책을 세우게 해 주시면 좋겠습니다."

선제는 빙긋이 웃으며 그의 청을 들어주었다.

'백문이불여일견'이란 말은 여기 나온 것이 최초라 한다. 대개 민간의 속담이었을 것이요, 널리 쓰이는 말이다. 서양에서도 '열의 소문보다 하나의 증거'라는 말이 있다.

조충국은 금성에 가서 상세히 정세를 살핀 후에 이윽고 둔전(屯田)이 상책이라고 제에게 상주했다. 기병을 그만두고 보병 일만여

명만을 남겨 이들을 각지에 분산시켜, 평소에는 농사를 짓게 하는 것이다. 이 계책은 채용되어 조충국은 거의 1년 동안 그 땅에 머물러 있었으며 드디어는 강의 반란을 진압하였다고 한다.

많은 재산보다
한 가지 기술이 낫다

재산을 많이 갖는 것보다 한 가지 기술을 익히는 것이 낫다는 말이 있다. 재산은 아무리 있다고 해도 없어지는 일이 있다. 그러나 몸에 익힌 한 가지 재주는 그것이 아무리 보잘것없는 것이라 할지라도 없어지는 법이 없다. 그러므로 돈보다 기술을 배워 두는 것이 좋다는 뜻이다.

〈안씨가훈(顔氏家訓)〉에 보면,

"만약 책을 많이 읽고 그 뜻을 이해하게 되면 비록 그것만으로 훌륭한 사람이 될 수는 없다 할지라도, 한 가지 재주에 뛰어날 수가 있어 평생 그것으로 자기의 생활은 할 수 있을 것이다. 부모나 형을 언제까지 바라고 살 수는 없는 일이며, 세상이 영구히 평화로울 수도 없다. 한 번 집과 고향을 떠나 방랑하게 되면 그때는 아무도 보호해 줄 사람은 없다. 그때는 자기가 자기 힘으로 살아가지 않으면 안 된다. 속담에도 '천만금의 재산보다도 한 가지 기술을 익히는 것이 낫다'라는 말이 있다. 기술이라고 하는 것은 배우기는 쉽고 그러면서도 귀중한 것이다. 기술을 익히려면 책을 보는 길밖에 없다."

이와는 좀 반대되는 말로,

"뱃속에 아는 것이 차 있어도 염낭 속의 동전 한 푼에 미치지 못

한다.'

라는 말이 〈후한서〉에 나온다. 이 말은 아무리 책을 많이 읽어서 아는 것이 많더라도 그것을 실행에 옮기지 못하고 세상에서 써먹지 못하면 주머니 속에 들어있는 동전 한 푼만 못하다는 뜻이다.

아는 것이 즐기는 것만 못하다

장언 수언 식언 유언

藏焉 修焉 息焉 遊焉

감추고 닦고 쉬고 논다.

오경(오경; 주역, 시경, 서경, 춘추, 예기)의 하나인 〈예기〉에 나오는 말로 학문의 방법, 곧 학문이 깊어 가는 단계를 넷으로 나누고 있다.

'장(藏)'은 학문의 기본을 배우는 일, 다시 말해 기초 이론을 습득하는 것을 말한다.

'수(修)'는 단지 지식을 암기할 뿐만 아니라 이것이 피가 되고 살이 되게 소화하는 단계이다.

'식(息)'의 단계에서는 앞의 두 단계를 지나면 학문을 하는 것이 숨을 쉬고 있는 것과 마찬가지로 예사로운 상태가 된다. 그래서 식(息)이라고 하는 것이다.

'유(遊)'는 노는 단계를 말한다. 이 마지막 단계에 이르면 학문이 저절로 자기 몸에 체질화되어 느긋하게 즐길 수 있는 경지에 이르게 된다. 그러므로 즐기면서 논다는 뜻이다. 이 말은 '논어'의

'아는 것이 즐기는 것만 같지 못하다'라는 것과 같은 경지다. 또 '관음경'에서는 '사바세계에 노는 것이다'라고 표현한다. 그만큼 이 경지에 이르면 저절로 즐겁고 일이 풀린다는 것이다.

〈논어〉에 보면, "이를 아는 자는 이를 좋아하는 이만 같지 못하고, 이를 좋아하는 자는 이를 즐기는 이만 같지 못하다[→지지자불여지자 호지자불여낙지자(知之者不如之者 好之者不如樂之者)]." 하였다.

여기서 '이것'은 도(道)를 가리키는 말임이 틀림없다. 그러나 이것을 꼭 어렵게만 생각할 필요는 없다. 독서나 스포츠, 그 밖에 어떠한 취미 같은 것도 마찬가지이다. 다만 이런 것들을 안다, 좋아한다, 즐긴다는 세 단계로 나눠서 생각하면 된다. 그러면 공자가 말하려는 뜻을 잘 알게 될 것이다.

'안다', '좋아한다'의 단계에서는 나와 그것이 따로 떨어져서 상대가 된다. 그러나 즐기게 되면 그것 속에 자기가 들어가 버리게 되는 것이다. 나와 그것이 따로가 아니다. 온갖 일에서 즐거운 경지에 이르면 괴로운 것도 근심도 걱정도 다 잊게 된다. 공자의 말년 심경은 바로 그런 것이었다.

학문과 독서

위인지학 위기지학(爲人之學 爲己之學)

격물치지(格物致知)

조문도석사가의(朝聞道夕死可矣)

독지(篤志)

인이불발(引而不發)

사숙(私淑)

온고지신(溫故之新)

맹모삼천지교(孟母三遷之敎) 단기지교(斷機之敎)

전발역서(翦髮易書)

백문불여일견(百聞不如一見)

장언 수언 식언 유언(藏焉 修焉 息焉 遊焉)

지지자불여지자 호지자불여낙지자

知之者不如之者 好之者不如樂之者

제3장

성찰 省察

유예(猶豫)란 동물 이름이다. 그중에서도 유는 원숭이에 해당하는 동물이다. 이 놈은 얼마나 의심이 많은지 조금만 이상한 소리가 나도 절대로 나무에서 내려오는 법이 없다. 그러니 평소에도 내려가야 할지 아니면 그대로 나무에 매달려 있어야 할지 머뭇거리며 살아갈 수밖에 없다. 또 예라는 놈은 코끼리의 일종이다. 큰 코끼리는 물을 건널 때 천천히 여유 있게 건너지만 이놈은 건널까 말까 망설이다가 시간을 다 허비하고 만다. 이와 비슷한 동물이 또 있다. 이른바 낭패(狼狽)라는 놈이다. 어떤 놈은 앞다리가 하나 없고 어떤 놈은 뒷다리가 없다. 그러니 앞으로 나가려고 해도 넘어지고 뒤로 나가려 해도 넘어져 결국 나아가지도 물러서지도 못하는 지경에 처하게 된다. '유예'라는 것은 이 동물과 같이 이러지도 저러지도 못하고 머뭇거리고 사는 모양을 빗댄 말이다. 끊임없는 자기 성찰을 통하여 학문도 인생도 그 시기를 놓치지 말라는 얘기다.

고치기를 꺼리지 말라

주충신
主忠信
무우불여기자
無友不如己者
과즉문탄개
過則勿憚改

충실과 믿음를 위주로 해야 하며, 자기보다 못한 사람을 벗으로 삼
지 말고, 잘못이 있으면 고치기를 꺼려하지 말아야 한다.

〈논어〉 '학이' 편에 나오는 말이다. 여기서 '주충신(主忠信)'은, 사
람이 충성스럽지도 않고 믿음직하지 않으면 그가 하는 일이 모두
실상(實相)이 없어 악을 저지르기는 쉽고, 선을 행하기는 어렵다.
그러므로 공부하는 사람은 반드시 충성(忠誠)과 믿음(信)을 위주
로 삼아야 한다는 의미다.
    정자가 말했다.
    "사람의 도(道)는 오직 충성(忠誠)과 믿음(信)에 있다. 성실(誠
實)하지 않으면 상대방이 알아주지 않고, 또 자기 마음이 안정되

지 않아서 어디로 지향해야 할지를 알지 못하게 된다. 이것이 사람의 마음이다. 만약 충성과 믿음이 없다면 어찌 남이 인정해 주겠는가?"

'무우불여기자(無友不如己者)'는 벗은 내가 어질게 되도록 돕는 사람이므로 자기보다 못한 벗을 사귀면 이익은 없고 손해만 있게 된다는 말이다.

'과즉물탄개(過則勿憚改)'에서 '물(勿)'은 금지, 탄(憚)은 두려워하고 어려워하는 것을 뜻한다. 자기 자신을 다스리는 데에 용감하지 못하면 악이 날마다 자라날 것이다. 그러므로 잘못이 있으면 빨리 고쳐야 할 것이지, 두렵고 어렵다고 해서 구차하게 안주할 수는 없다는 것이다.

완전무결한 이상적 인간, 성인의 경지에 있는 사람들은 별개로 하고, 사람은 누구나 말과 행실에 잘못을 저지르기 쉽다. 다시 말해서 잘못을 저지르지 않는 사람은 거의 없다. 문제는 잘못을 저지르느냐 않느냐가 아니라, 오히려 저지른 잘못에 대하여 어떻게 대처하느냐 하는 것이다. 잘못을 저질렀을 경우, 그 잘못을 고친다면 이미 그 잘못은 없어져 버리는 것이다. 잘못하고서 고치지 않는 것, 이것을 잘못이라고 말한다. 소위 군자와 소인의 갈림길이 바로 여기에 있다.

〈논어〉 '자장' 편에서 자공은,

"군자의 잘못은 일식이나 월식과 같다. 잘못하면 사람들이 다 이를 보고, 고치면 사람들이 다 이를 우러른다."

라고 하였다. 이것과,

"소인은 잘못하면 반드시 억지로 꾸며댄다."

라고 하는 말을 아울러 생각해 보면 분명해진다.

요컨대 성인이 아닌 이상 인간이 잘못을 저지르는 일은 피할 수가 없다. 다만 그것이 잘못인 줄을 알았으면 빨리 고쳐야 하며, 같은 잘못을 두 번 다시 저지르지 말아야 할 뿐이다.

두보의 시풍詩風

'각골면려(刻骨勉慮)'는 뼈를 깎는 정성으로 생각에 온 힘을 쏟는 다는 말로, 무슨 일을 하더라도 온 정성을 다 기울인다는 뜻이다. 흔히 두보의 시풍을 이를 때 이 말을 쓴다.

거의 같은 시대에 태어나서 뚜렷한 대별(對別)을 보인 천재를 들라면 서양에서는 모차르트와 베토벤을, 동양에서는 이백과 두 보를 들 수 있을 것이다. 그중에서도 이백과 두보는 시대를 초월 한 천재 시인이라는 점 외에는 사상, 생활, 시풍 등 어느 한 가지도 공통된 점이라고는 찾아보기 힘들다. 이백이 호방표일(豪放飄逸; 탁 트여서 내키는 대로 행동함)한 그의 시풍처럼 술 한잔 걸치고 는 일필휘지(一筆揮之)로 시를 써 갈기는 선천적 천재라면, 두보 는 그야말로 글자 하나하나 뼈를 깎듯이 다듬고 다듬어서 쓰는 노 력하는 천재랄 수 있다.

또한 이백이 현실과는 동떨어진 시를 주로 읊는 낭만적이고 도 교적인 시인이었다면, 두보는 탄탄한 현실 인식을 토대로 뒤숭숭 한 세태 속에서 고통받는 민중들과 함께 시대의 아픔을 대변한 사 실적이고 유교적인 시인이었다. 이백을 시선(詩仙), 두보를 시성 (詩聖)이라고 부르는 것도 이러한 이유 때문이다. 이들은 시를 쓰 는 스타일도 달랐는데, 이백은 절구체(絶句體)의 시를 잘 썼고, 두

보는 율시체(律詩體)의 시를 잘 썼다.

 굳이 누가 더 뛰어난 시인인가를 말하고자 함이 아니라 두보의
시풍은 학문을 하거나 성취하고자 하는 사람들에게 교훈을 준다.
천재 시인의 뼈를 깎는 노력을 보면서 자신을 성찰하고 의지를 북
돋을 수 있기 때문이다.

 두보(杜甫; 712~770)는 중국 시사에서 가장 중요한 시인으로 꼽
힌다. 사회의 온갖 부조리한 모습을 고발하고 고민하는 넓이와 깊
이에 있어서, 또한 예술의 완숙도에 있어서도 두보가 이룩한 수준
을 넘는 시인은 거의 없었다. 그는 살아 있는 동안 삶에서 기울일
수 있는 온갖 노력을 시가 창작에 쏟아부었다. 이런 이유로 시인
두보는 시의 성인(→시성; 詩聖)으로, 그의 작품은 시로 쓴 역사,
즉 시사(詩史)로 불린다.

 두보의 자는 자미(子美). 당나라 현종(玄宗)의 치세 기간에 태어
나 대종(代宗)의 통치 기간에 사망할 때까지 58년을 살았다. 이 반
세기는 근 300년 가까이 되는 당의 역사로 볼 때 극성기에서 쇠
락기로 급변하는 시기였다. 755년에 발생한 안사(安史)의 난은 그
주요한 계기가 된다. 극성과 쇠락의 양극을 경험하고 실제로 전란
으로 인해 끊임없이 떠돌아야 했던 그의 인생은 삶 자체가 고단한
비극이었지만 이것이 진정한 예술 창작의 근원이 되었다.

 사별하면 다만 울음 삼키고 말지
 생이별은 언제까지나 비통하다.
 강남은 풍토병 많은 땅
 쫓겨난 그대는 소식이 없구나!

옛 친구 꿈속에 나타나니

그대 그리는 내 마음 알아주는 듯.

그대 지금 그물에 걸려 있으니

어찌 자유로울 수 있으랴.

생시의 혼백이 아닌가 두렵지만

길이 멀어 생사를 추측할 수 없구나.

그대 혼백이 돌아오면 강남 풍경 생기 나고

그대 혼백이 돌아가면 이곳은 암흑.

지는 달빛 처마에 가득하니

그대 모습 빛나고 있는 듯

물 깊고, 파도 거세니

교룡에게 잡아먹히지 마시게.

—'꿈에 이백을 만나' 전문

10여 년의 나이 차이에도 불구하고 연장자인 이백에 대하여 두보는 언제나 존경과 함께 애틋함을 느끼고 있었던 듯하다. 두보 자신의 신세도 남을 위로하기보다는 남에게 위로받아야 할 처지이면서 이백이 유배 길 떠났다는 소식에 꿈에서라도 만나고픈 심정을 절절하게 표현했다. 꿈속의 이백은 마치 달빛을 몰고 다니는 듯, 그 발자취 따라 시의 화면에는 환한 불빛이 켜졌다 사라진다. 관포지교(管鮑之交)와는 다르지만 이백과 두보 두 천재 시인의 우정도 현대에 한 번 곱씹어 볼 가치가 있지 않을까?

정신적인 비만肥滿

조조와 협력하여 여포(呂布)를 제거한 유비는 그 후 조조를 제거하려다 그만 이 사실이 발각되자 도망을 쳐서 한의 종실(宗室)인 형주(荊州)의 유표(劉表)에게 몸을 의탁하게 된다.

형주에서 신야(新野)라는 조그만 성읍을 다스리면서 4년 동안 영웅답지 못한 삶을 살던 어느 날, 유비는 변소(卞所)에 갔다가 자기 넓적다리에 살이 탱탱 쪘음을 알고는 자기도 모르는 사이에 눈물을 흘리고 말았다. 눈물을 흘리고 있는 유비를 본 유표가 깜짝 놀라 까닭을 묻자, 유비는 이같이 말했다.

"나는 지금까지 말을 타고 무수한 싸움터를 달렸기 때문에 허벅지에 살이 찔 겨를이 없었습니다. 그런데 요즘은 말 탈 일도 없고 하루하루 빈둥거리며 지내는 탓인지 넓적다리에 살이 쪘습니다. 세월은 물 같이 흐르고 머리는 세어 오는데 사내대장부로 태어나 아직 아무것도 이뤄내지 못하고 있는 나 자신이 비참해서 눈물을 흘리는 것입니다."

이 일화에서 유래한 말이 바로 '비육지탄(肥肉之嘆)'이다. 아무 일도 하지 않고 살만 찐 것을 탄식한다는 말로 자기의 능력을 제대로 발휘하지 못함을 서글퍼한다는 뜻이다. 〈삼국지〉에 나온다.

비록 영웅은 아니더라도, 나태와 정체와 안락에 젖어 있는 현실을 문득 돌아보면서 자신의 정신적 비만을 발견하고 탄식하며 울어본 사람은 많지 않을까?

남에게 부끄럽지 않은 즐거움

〈맹자〉 '진심(盡心)' 편에 보면 군자의 세 가지 즐거움에 대해 적혀 있다. 흔히 군자삼락(君子三樂)'이라고 한다.

군자유삼락이왕천하불여존언
君子有三樂而王天下不與存焉
부모구존 형제무고
父母俱存 兄弟無故
앙불괴어천 부부작어인
仰不愧於天 俯不怍於人
득천하영재이교육지
得天下英才而教育之

군자에게는 세 가지 즐거움이 있다. 그러나 여기에는 천하의 왕 노릇 하는 것은 들어 있지 않다. 부모님이 모두 살아 있고 형제들이 무고한 것이 첫 번째 즐거움이요, 위로는 하늘에 부끄럽지 않으며 아래로는 사람들에게 부끄럽지 않은 것이 두 번째 즐거움이요, 천하의 영재를 얻어 교육하는 것이 세 번째 즐거움이다.

부모가 살아 있고 형제가 무고한 것은 자신의 힘으로는 어쩔 수 없는 것이다. 그리고 천하의 영재를 얻어 교육하는 것은 아마도 교육계에 종사하는 사람에게 해당하는 일이므로 그렇지 않은 사람들은 얻을 수 없는 즐거움일 수 있다. 그러나, 위로는 하늘에 부끄럽지 않으며 아래로는 사람들에게 부끄럽지 않은 즐거움은 스스로 노력하면 이루어질 수 있는 것이니 군자의 세 가지 즐거움 중에 적어도 하나는 누구나 얻을 수 있는 것이다.

재주의 차이

인각유재 재각유대소
人各有才 才各有大小
대자 안기대이홀어소
大者 安基大而忽於小
소자 낙기소이무모어대
小者 樂基小而無募於大

사람은 저마다 재주를 지니고 있고, 재주에는 크고 작음이 있다. 큰 재주를 지닌 자는 큰일은 잘하지만 작은 일에는 서투르다. 그리고 작은 재주를 지닌 자는 작은 일 하기를 즐기고 큰일 따위는 거들떠 보지도 않는다.

송나라 소식(蘇軾)이 '응제거상양제서(應制擧上兩制書)'에서 한 말이다. 같은 시기의 왕안석(王安石)도,
　"사람의 재주에는 크고 작음이 있고, 저마다 지니는 포부에도 원대함과 비근함이 있다."
라고 했다. 사람의 재주와 능력이 저마다 다름으로써 세상 살아가는 일이 즐겁고, 저마다 하는 일이 다름으로써 조화를 이룬다. 인

재를 발굴 양성하고 그들에게 일을 맡김에 있어서도 바로 이 점을 고려해야 할 것이다.

또한 본인 스스로 본인의 격에 맞는 일을 찾고, 그 일에 힘을 쏟을 일이다. 일의 화려함을 좇아 자기의 능력에 맞지 않는 일을 고집하는 것은 모양만을 취해 자기의 몸에 맞지 않는 옷을 걸치고 거리를 활보하는 것과 같아 비웃음을 살 뿐이다. 또한 그런 사람에게는 성취가 있을 수 없다. 그 허망함 때문이다. 직업에는 귀천이 없다고 했다. 사람 위에 사람 없고, 사람 아래 사람 없다. 오로지 자기의 적성에 따라 매진하는 것이 성공의 지름길이다.

견문見聞의 양면성

요즘은 외국으로 공부하러 가는 사람이 많다. 공부도 하고 견문도 넓힐 수 있으니 일거양득. 유학하지는 않는다 해도 어학연수니, 교환학생이니 하여 한두 번쯤은 '외국물'을 먹어보는 게 보통이다. 국제화 시대이니 그럴 만도 하다. 그걸 떠나서라도 책상 앞에서 벗어나 넓은 세상과 수많은 사람을 직접 만나는 일이니 권할 만한 일이기도 하다.

하지만 명심해야 할 것이 있다. 본인의 눈과 귀를 과신하여 기왕에 얻은 소중한 견문을 편협하게 쓰지 말라는 것이다.

이목지견
耳目之見
선용지 족이광기심
善用之 足以廣其心
불선용지 적이협기심
不善用之 適以狹其心

귀로 듣고 눈으로 본 것을 잘 활용하면 마음을 넓힐 수가 있으나 잘못 쓰면 마음을 좁히기에 알맞다.

명나라 왕정상(王廷相)이 '신언견문(愼言見聞)'에서 한 말이다. 사람은 저마다 보고 들은 것을 바탕으로 지식을 축적한다. 그리고 저마다의 지식수준에 근거해 사물의 가치나 시비를 판단하고 행동한다. 지식은 사람의 마음을 넓혀 주기도 하지만 좁혀 주기도 한다. 칼은 잘 쓰면 유용한 도구이지만 잘못 쓰면 자기 손을 베기도 한다. 견문은 마음을 넓히는 데 도움이 되지만 때로는 편견이나 고집의 원인이 되기도 한다. 여름벌레가 얼음을 모르고, 책만 읽은 선비가 도(道)에 대해 말할 자격이 없다고 한 말도 이러한 폐단을 경계한 것이다.

스스로 이루어야 한다

문장필자성일가 연후전불후

文章必自成一家 然後傳不朽

약의규화원 준구작방 종위인신복

若依規畫圓 准矩作方 終爲人臣僕

문장은 반드시 스스로 일가를 이루어야만 스러지지 않고 전해질 수 있다. 만일 컴퍼스에 의존해 동그라미를 그린다거나 곱자로 네모 만들기만 한다면 끝내 남의 신하나 노복이 되고 말 것이다.

송나라 위경지(魏慶之)가 엮은 '시인옥설(詩人玉屑)'에 있는 말이다. '자기 것'을 중히 여기라는 얘기다. 새로운 것 또는 남의 것이 좋아 보인다고 하여 빌기만 하면 스스로 일가를 이룰 수 없다는 것이다. 요즘과 같은 국제화 시대, 몰개성의 시대에 새겨들을 만한 얘기다.

돼지 잡는 노학자

전한(前漢) 제4대의 효경제(孝景帝)는 즉위하자 곧 천하에 어진 선비들을 불러 모았는데, 우선, 시인으로 이름이 높은 원고생(轅固生)을 불러 박사(博士)로 삼았다. 원고생은 산동 출신으로, 그 당시 90의 노령이었지만 효경제의 부름에 감격하여, '젊은이들에게 지지 않으리라'하고 흰머리를 날리며 효경제 앞에 나왔다.

그런데 원고생의 직언에 못 견디는 얼치기 학자들은 어떻게 해서든지 이 사람을 떨려 나가게 하려고 온갖 비난을 다 했다.

"그 늙은이는 이미 쓸모가 없는 자입니다. 시골에 두고 증손자들이나 돌보게 하는 것이 좋은 줄로 아옵니다."

라고 말하는 신하도 있었다.

그러나 효경제는 이런 중상을 곧이듣지 않았다. 그리고 역시 산동 출신의 공손홍(公孫弘)이란 소장 학자를 불러들였다. 공손홍은 '저런, 늙은이가 뭘 하겠다고……' 하는 눈초리로 원고생을 보았으나 원고생은 개의치 않고 말했다.

"지금 학문의 길이 문란하여 속담이 유행하고 있소. 이대로 두면 유서 깊은 학문의 전통은 사설 때문에 자취를 감추게 될 것이오. 그대는 다행히 젊은 호학(好學)의 선비라 들었소. 아무쪼록 바른 학문을 연구하여 세상에 널리 퍼뜨려 주시오. 결코 자기가 믿는 학설을 굽혀(曲)서 세상의 속물들에게 아부하지 않도록……."

이것이 '곡학아세(曲學阿世)'의 말이 생긴 시초가 되었다.

'저런 늙은이가……' 하고 있던 공손홍도 절조를 굽히지 않는 원고생의 훌륭한 인격과 풍부한 학식에 감격하여 크게 뉘우치고, 곧 자기의 무례를 사과한 다음 그의 제자가 되었다.

원고생이 나서 자란 산동에서는 시를 배우는 자는 모두 원고생을 모범으로 삼았고, 당시의 이름이 있는 시인은 거의 모두 그의 제자였다고 한다. 이러한 원고생의 강직함을 말해 주는 이야기가 있다.

효경제의 모친 두태후(竇太后)는 노자를 아주 좋아했는데, 한 번은 박사 원고생을 불러 물었다.

"그대는 노자를 어떻게 생각하는고?"

원고생은 평소의 신념을 굽혀 칭찬할 수 없다고 생각하고,

"노자 같은 사람은 하인배나 다름없는 사나이올시다. 그가 하는 말은 모두 남을 속이는 말에 지나지 않으며, 적어도 천하 국가를 논하는 선비가 문제시할 가치도 없는 것입니다."

라고 두려움 없이 대답했다.

태후는 얼굴빛이 확 변했다.

"이런 오만한 자가 어디 있는가. 내가 존경하는 노자를 가짜로 돌리다니! 이 자를 옥에 가두라."

두태후의 명으로 옥에 갇힌 원고생은 날마다 돼지 잡는 일을 하게 되었다. 태후는 90이 넘은 노인이 돼지 잡는 일은 제대로 못 하려니 생각하고, 못하는 때에는 또 다른 형벌을 주리라 생각하고 있었다. 그러나 원고생은 예리한 칼로 돼지를 잡는데, 한칼에 돼

지의 심장을 찔러 어렵지 않게 잡았다. 이 소식을 들은 태후는 하는 수 없이 그를 용서하여 다시 박사의 자리에 돌아오게 하였다.

이 두려움이 없고, 권력에 눌리지 않고, 직언하는 태도에 감탄한 효경제는 원고생을 삼공(三公)의 하나인 청하왕태부(淸河王太傅)라는 벼슬에 승진시켜 점점 더 그를 신임했다고 한다. 〈사기〉 '유림전(儒林傳)'에 그 기록이 전한다.

덕德을 흘리는 일

자왈 도청이도설 덕지기야

子曰 道聽而塗說 德之棄也

공자가 말했다. "길에서 듣고 길에서 말해 버리면, 그것은 덕(德)을 버리는 것이다."

길에서 좋은 말을 들었지만 이를 여기저기 떠들고 다니면 자기 몸에 체득할 시간을 갖지 못하게 되므로 스스로 그 덕을 내다 버리는 꼴이 된다는 말이다. 〈논어〉 '양화편(陽貨篇)'에 나온다.

몸을 닦고(修身) 집안을 다스리며(齊家) 나라를 잘 다스리고(治國) 천하를 평정케(平天下)하여 천도(天道)를 지상에 행하는 것을 이상으로 삼은 공자는 이를 위해 뭇사람들이 엄격히 자기를 단속하여 인덕을 쌓고 실천해 갈 것을 가르쳤다. 그리고 덕을 쌓기 위해서는 굽힘 없는 노력이 필요하다는 것을 역설했다.

〈한서〉의 '예문지(藝文志)'에는,

"대저 소설이란 것의 시초는 군주가 백성들의 풍속을 알기 위해 아래 관리에게 명하여 기술하게 한 것에서였다. 즉, 항간의 이야기와 거리의 소문 등은 길에서 들은 것을 길에서 이야기하는(→도청도설; 道聽塗說) 자들이 만들어 낸 것이다."

라고 했다. 소설이란 말은 이런 뜻에서 원래 '패관소설'이라 했으나 뒤에 와서 그냥 소설로 굳어진 말이다.

또 주나라의 순자가 쓴 〈순자〉의 '권학편(勸學篇)'에는,

"소인의 학문은 귀로 들어가 곧 입으로 흘러나가 조금도 마음에 남아있지 않다. 귀와 입 사이는 약 네 치의 거리가 있지만, 이 정도 거리로써 어찌 7척의 신체를 아름답게 할 수 있으랴. 옛날 학문을 한 사람은 자기를 위해 했으나, 지금 사람은 배운 바를 곧 남에게 고하고 자기를 위해 하려 하지 않는다. 군자의 학(學)은 자기 자신을 아름답게 하는데, 소인배의 학(學)은 사람을 동물로 만들어 버린다. 그러므로 묻지 않아도 고한다. 이를 시끄러운 것이라 하며, 하나를 묻는데 둘을 말해 주는 것은 요설(饒舌)이라 한다. 둘 다 좋지 못한 것이다. 진정 군자는 묻지 않으면 대답하지 않고, 물으면 그것만을 답한다."

라고 하여, 다변(多辯)을 훈계하고 있다. 자기의 학문을 자랑하는 사람도 마땅히 삼가야 함은 물론이다.

배우지 않은 곳이 없다

세 사람이 같이 길을 가게 되면 그 중의 누구 한 사람은 반드시 나에게 스승이 될 만한 사람이 있는 법이다. 나 말고 다른 두 사람 중에서 좋은 점을 발견하게 되면 그것을 배우고, 나쁜 점이 있으면 그것을 자기에게도 비춰 봐서 고친다. 공자는 이같이 때에 따라, 곳에 따라, 스승을 찾아낼 수가 있었다.

공자의 수양법은 '슬기로운 사람을 보면 자기도 그와 같이 되기를 바라고, 슬기롭지 못한 사람을 보면 자기를 반성한다'라는 것이다. 위나라의 대부 공손조(公孫朝)가 공자의 제자인 자공(子貢)에게 물었다.

"공자는 누구에게서 배우셨습니까?"

이 질문에 자공은 이렇게 대답했다.

"선생님은 어디서고 배우지 않으신 곳이 없습니다. 따라서 어떤 한 사람의 스승이 있을 수 없습니다."

아는 것과 모르는 것

유부지즉유지

有不知則有知

무부지즉무지

無不知則無知

모르는 것이 있으면 아는 것이 있게 마련이고, 모르는 것이 없으면
아는 것이 없게 마련이다.

명말 청초의 사상가요 학자인 왕부지(王夫之)가 '장자정몽주(張子
正蒙注)'에서 한 말이다. 벼가 익으면 고개를 숙이는 것과 마찬가
지로 아는 것이 많은 사람은 자기가 알고 있는 것이 자기가 모르
고 있는 것보다 상대적으로 적다는 것을 알고 그 모르고 있는 부
분을 알기 위하여 겸손한 자세로 정진한다. 그리고 그는 틀림없이
더 많은 것을 알게 된다. 그런데 모르는 것이 없는 것처럼 뽐내고
나대는 사람은 실상은 아는 것이 별로 없거나 알고 있는 것도 정
밀성이 모자라는 경우가 많다. 하지 않는 일이 있는 사람이 진짜
큰일을 해내는 사람이고, 하지 않는 일이 없는 사람은 바로 무엇
하나 제대로 할 수 있는 일이 없는 사람이다.

특립독행特立獨行

자신의 주관과 소신을 확고부동하게 세우고 관철해 남의 도움 없이 떳떳하게 세상에 나아가는 것을 뜻한다. 〈예기〉 '유행(儒行)' 편에 나오는 말이다. '유행' 편은 공자께서 노나라의 애공(哀公)을 위하여 선비의 행실을 열거한 대목이다.

대강을 살펴보면, 선비란 크게는 사람의 떳떳한 기개를 나타낼 것과 작게는 깊고 두터운 뜻을 마음속에 포용해야 함에도 그 의의를 후세의 선비들이 완전히 깨닫지 못하고 오로지 그 지식만을 뽐내려 하기 때문에 공자가 '유행' 편을 말하였다.

애공이 공자에게 물었다.

"감히 선생께 선비의 행실을 묻고 싶습니다."

공자가 대답했다.

"선비는 덕(德)으로써 몸을 씻어야 하고, 임금님께 간언(諫言)을 올릴 때도 임금이 알듯 모를듯하게 하여 차근차근 잘못된 것을 바로잡아 가야 합니다. 또한 세상이 어지럽다고 해서 자기를 막지 않고, 세상의 뜻이 자기의 뜻과 같다고 해서 뇌화부동(雷和不同)하지 않으며, 다르다고 해서 비난하지 않으니 이처럼 자기 뜻을 굳건히 세워 스스로 세상에 나아가는 이가 곧 선비입니다."

공자가 말하지 않은 것

공자는 괴력난신(怪力亂神), 즉 괴이(怪異)와 무용(武勇)과 세상의 어지러움과 신(神)에 대해서는 말하지 않았다고 했듯, 괴(怪)와 신이라는 초월자에 대해서는 순종하는 태도 이외에는 취하지 않았다. 더구나 공자는 이러한 태도야말로 지(知)라고 확신하고 있었다.

번지문지
樊遲問知
자왈
子曰
무민지의 경귀신이원지 가위지의
務民之義 敬鬼神而遠之 可謂知矣

제자 번지(樊遲)가 지(知)에 관해서 물었다. 공자가 말하기를, "나 자신이 해야 할 일에 대해서만 노력하고, 귀(鬼)와 신(神)은 공경하며 멀리 할 것이라. 이렇게 하면 지(知)라 할 것이니라."

'공경하여 이를 멀리한다'라고 함은 공경하여 버릇없이 지나치게 친해지지 않는 일, 요컨대 신에게 의지하는 등의 일을 하지 말

것을 의미한다. 여기서 공자의 초월자에 대한 객관적인 공정성이 엿보인다. 오늘날 '경원(敬遠)'이란 말이 '꺼려서 피한다'라는 뜻으로까지 쓰이는 것을 공자가 알면 탄식해 마지않을 일이다. 〈논어(論語)〉 '술이편(述而篇)', '옹야편(雍也篇)' 등에 보이는 말이다.

군자유君子儒와 소인유小人儒

어느 날 제자 자공(子貢)이 공자에게 물었다.

"자장(子張)과 자하(子夏) 어느 쪽이 현(賢)이오니까?"

사실 이 두 사람은 퍽 대조적인 성격의 소유자였던 모양이다. 〈논어〉에도 이런 이야기가 실려 있다. 어느 날 자장이 공자에게 이렇게 물었다.

"사(士)로서 어떠하면 달(達)이라 할 수 있겠습니까?"

공자는 도리어 자장에게 반문했다.

"자네가 말하는 달(達)이란 건 무엇인가?"

"제후를 섬겨도 반드시 그 이름이 높아지고, 경대부(卿大夫)의 신하가 되어도 역시 그 이름이 나는 것을 말합니다."

"그것은 문(聞)이지, 달(達)은 아니야. 그 본성이 곧아 의(義)를 좋아하고, 말과 얼굴빛으로 제후를 섬기거나 경대부의 사사로운 신하가 되어도 그릇된 일을 하지 않는 사람이라야 '달'이라 할 수 있는 것이다. 그러나 인덕이 있는 듯한 얼굴을 지으면서 어긋난 행동을 하며, 그러고도 거기에 머물러 조금도 의심치 않고 있으면 제후를 섬기거나 경대부의 신하가 되어 군자란 말을 듣게 되는데, 이것이 바로 '문'이란 거야."

자장의 허영심을 나무란 것이다. 그렇듯 꾸중을 들을 만큼 자장은 모든 일에 적극적이었고 자유분방하게 자기를 과시하려 드는 데가 있었던 것 같다.

한편 자하에게는 이렇게 타이른 적이 있었다.

"군자유(君子儒)가 되어라. 소인유(小人儒)가 되지 마라!"

군자유라는 것은 자신의 수양을 본의로 하는 구도자를 말함이요, 소인유란 지식을 얻는 일에만 급급한 학자를 가리킨 것이다. 아마 자하는 함부로 금과옥조(金科玉條)를 두어, 그 때문에 자신이 얽매이는 점이 있었던 모양이다.

이 두 사람의 비교를 해 달라는 자공에게 공자는 말했다.

"자장은 지나쳤고, 자하는 미치지 못한다."

"그러면, 자장이 나은 편입니까?"

"지나침은 못 미침과 같으니라(→과유불급; 過猶不及)."

흔히 이 말은 중용(中庸)을 가리킨 말로 해석되고 있다. 중용은 또 조화를 의미하는 것이 아닐까. 결국 공자가 추구한 것은 자기와 외계(外界)와의 완전한 조화였으니 말이다. 〈논어〉 '안연편(顏淵篇)', '옹세편(雍世篇)' 등에 보인다.

여러 개의 갈림길

양자(楊子)의 이웃집에서 양 한 마리가 도망을 쳤다. 그 동네사람들까지 모두 나서고 양자의 집에서도 아이까지 나서서 양을 찾으러 다녔다. 양자가,

"단 한 마리의 양을 어찌 그렇게 많은 사람이 뒤를 쫓아가는고."
하고 물으니,

"도망간 쪽에는 갈림길이 많기 때문이오."
라고 대답했다. 그러고는 얼마 뒤에 피곤한 몸으로 돌아와서 이렇게 말했다.

"갈림길을 가면 또 갈림길이 있어서 양이 어디로 갔는지 모르게 되어 버렸소."

양자는 그 말을 듣고는 묵묵히 앉아 입을 떼지 않았다. 그뿐만 아니라, 하루 종일 웃는 얼굴 한 번 보이지 않았다. 제자들이 기껏해야 양 한 마리를 잃은 일이요, 더구나 자기의 양도 아닌데 그렇게 침울해 있는 것이 이상하다고 생각하고 그 까닭을 물어도 대답이 없었다.

뒷날, 한 제자가 그 일에 대해서 양자와 문답한 결과, 목표가 단 한 마리의 양이라 할지라도 갈림길에서 또 갈림길로 헤매어 들어가서 찾다가는 결국 양을 잃어버리는 것이다, 학문의 길도 그와

같은 것이어서 하나로 돌아가는 중요한 목표를 잃게 되는 방법은 무의미한 것임을 깨달았다는 것이었다.

또 이런 이야기가 있다.

어떤 집에 하인이 둘 있었는데, 제각기 양을 지키고 있다가 둘 다 양을 잃어버렸다. 주인이 화를 내며,

"대체 너희들은 양이 도망갈 때 무엇을 하고 있었느냐?"

하고 물으니까 한 하인은,

"책을 읽느라고 정신이 팔려있었습니다."

라고 대답했고, 또 한 하인은,

"주사위 놀이에 정신이 팔려서……."

하고 대답했다.

두 하인이 하고 있던 일은 각각 다르다. 그러나 양을 지킨다는 중요한 목적을 잃어버린 결과에 있어서는 다를 바가 없다. 가장 중요한 일은 참된 목표를 확실히 파악하고 있어야 한다는 것이다.

학문에는 지식의 집적과 이론의 분석이 필요한 것은 말할 것도 없지만, 부질없이 작은 일을 꼬치꼬치 캐고 살피는 일에 빠져서 근본 목표를 잃어버리는 것은 어리석은 일이란 것을 풍자한 이야기이다. 이를 '다기망양(多岐亡羊)'이라고 하는데, 〈열자〉 '설부편(說符篇)', 〈장자(莊子)〉 '변모편' 등에 보인다.

대大와 소小의 다른 점

'붕정만리(鵬程萬里)'는 붕새를 타고 만 리를 난다는 뜻으로, 앞길이나 앞날이 크게 열려 있음을 뜻한다. '붕(鵬)'이란 상상의 세계에 있는 새의 이름이다. 이 새에 대하여 쓰인 가장 대표적인 문장은 〈장자〉의 첫머리 '소요유편(逍遙遊篇)'에 있는 한 대목이다. 거기엔 이렇게 쓰여 있다.

"북해 끝에 곤(鯤)이라는 이름의 고기가 있다. 곤의 크기는 몇천 리가 되는지 모른다. 곤이 화해서 붕이라는 새가 된다. 붕의 등도 몇천 리 길인지 모른다. 이 새가 한 번 힘주어 날아오르면 날개는 온통 하늘을 덮어 구름처럼 보이고, 바다가 소리치며 출렁거릴 만한 큰바람이 일어나는데, 거기 맞추어 북해 끝에서 남해 끝까지 날아가려고 한다. 세상의 불가사의한 일을 잘 아는 제해(齊諧)라는 사람의 말에 의하면, 붕이 남해로 옮겨가기 위해서는 날개로 바닷물을 치길 3천 리, 회오리바람을 타고 오르길 9만 리, 여섯 달 동안 계속 날아서 비로소 그 날개를 쉰다고 한다."

장자는 이 붕이란 새를 빌어 세속의 상식을 넘어 무한히 큰 것, 그 무엇에도 얽매이지 않는 자유로운 정신세계를 소요하는 위대한 자의 존재를 보여주려고 한 것이다.

아무튼 장자의 문장을 근본으로 하여 여러 가지 숙어가 생겨났다. 우선 붕곤(鵬鯤) 또는 곤붕(鯤鵬)이라 하면 상상할 수 없이 큰 것을 의미하는 말이고, 붕배(鵬背) 붕익(鵬翼)이라 하면 붕의 등이나 날개를 뜻하며 거대한 것을 비유할 때 쓰인다. 특히 붕익은 거대한 항공기 등을 형용하는 말로 많이 쓰인다. 붕박(鵬搏 —붕의 날개 침), 붕비(鵬飛), 붕거(鵬擧)는 크게 분발하여 어떤 일을 하려는 것에 대한 비유요, 붕도(鵬圖)는 붕이 북에서 남으로 일거에 9만 리를 날려는 웅대한 계획을 의미하므로 보통 사람들은 생각도 못 할 원대한 사업이나 계획을 비유할 때 쓰인다.

장자는 이 9만 리를 나는 대붕, 즉 매이지 않는 위대한 존재에 대해 상식의 세계에 만족하며 하찮은 지혜를 자랑하며 스스로 족하다고 생각하는 범속한 사람들의 천박함을 이렇게 풍자하고 있다.

"9만 리를 날아가는 대붕을 보고 척안(W메추라기 비슷한 작은 새)은 오히려 이를 비웃으며 '저 붕이란 놈을 보아라. 저놈은 대체 어디를 가려는 건가. 우리는 힘껏 뛰어올라도 3, 40척이며 도로 내려와서 쑥 덤불 사이로 날아다니며 그러고도 충분히 날아다니는 즐거움을 맛보는데, 저놈은 대체 어디까지 날아가겠다는 건가?' 하고 뇌까린다. 결국 왜소한 자에게 위대한 자의 자세가 알려질 리 없는 것이다. 대(大)와 소(小)의 다른 점이다."

여기서 '붕안(鵬鷃)'이란 말도 쓰이게 되었다. 대소의 차가 너무나 큰 것을 비유한다. '연작이 어찌 홍곡의 뜻을 알랴'라는 말도 이와 비슷한 뜻을 가진 말이다.

청빈한 삶

공자의 제자는 3천, 그중에서도 고재(高第)는 77인, 세상에서 흔히 이를 '칠십자(七十子)'라고 하지만, 이 칠십자 중에서도 공자가 '현(賢)', '인(仁)'이라 하여 그의 완벽한 인격을 갖춘 인물로서 가장 신뢰하고 있는 것이 안회(顏回)이다.

"공자가 말하기를 회와 더불어 하루 종일 이야기해도 내 생각과 맞지 않는 말을 하지 않으므로 어리석은 자 같아 보인다. 그러나 내 앞에서 물러난 후에 혼자 하는 짓을 보면 계발(啓發)되는 것이 있다. 안회는 결코 어리석은 자가 아니다[→자왈 오여회언종일 부위여우 퇴이성기사 적족이발 회야부우(子曰 吾與回言終日 不違如愚 退而省其私 赤足以發 回也不愚)]."

라고 공자를 찬탄케 하고 있다. 제자 중에서 총명하기로 이름이 난 단목사(端木賜—자공)도,

"나 같은 것이 어찌 감히 안회와 어깨를 겨눌 것을 바라오. 안회는 하나를 들으면 열을 아는 사람인 것을[→사야하감망회 회야문일이지십(賜也何敢望回 回也聞一以知十)]."

하고 스스로 위로했다.

공자는 떳떳하지 못한 출생 관계 때문에 평생을 '하늘이 인정해 주시는 인간'이 되려고 타고난 대로의 자기 자신을 부정하기에 고

투(苦鬪)를 계속했지만, 정상적인 부부 관계로 태어난 안회는 태어난 대로의 자신에 안주하며, 그 자아를 하늘이 주신 공정한 것으로 믿고 있는 그대로 육성하면 된다고 생각했다. 아마도 공자는 그러한 안정된 자연스러움을 가장 사랑하고 동경하기도 했을 것이다.

자왈 현재회야
子曰 賢哉回也
일단식 일표음 재루항
一簞食 一瓢飲 在陋巷
인부감기우 회야부개기악 현재회야
人不堪其憂 回也不改其樂 賢哉回也

공자가 말하기를,
"현인이로다, 회는. 도시락의 한 덩이 밥, 한 표주박의 물, 그것으로 누추한 집에 산다. 회는 태연히 도를 닦는 즐거움을 바꾸려 하지 않으니 현인이로다, 안회여!"

안회는 명리(名利)와 세욕(世欲)에 붙잡히지 않고 자기 자신을 '하늘'에 맡겨 버리고 하늘의 가르침 속에 귀일(歸一)하는 것을 지상의 즐거움으로 알며, 자신의 존재에 대해서는 아무런 회의도 저항도 없었다. 그 의젓한 모습이야말로 공자에게 있어서는 둘도 없는 존귀한 것이었던 모양이다.
한 덩이 밥과 한 표주박의 물을 뜻하는 '일단사일표음(一簞食一

瓢飮)'이란 말은 여기서 나왔으며, 청빈한 생활을 말할 때 쓰이게
되었다. 〈논어〉 '위정편(爲政篇)' '옹야편(雍也篇) 등에 보인다.

평온하고 여유 있는 기운

맹자가 제나라에 갔을 때, 공손축(公孫丑)이라는 사람이 제자로 들어왔다. 공손축은 스승이 제나라의 국정에 참여하여 관중과 안자처럼 제나라를 강국으로 이끌어 줄 것을 기대했다. 그러나 맹자는 관중, 안자 등의 힘의 정치를 배격하고 덕에 의한 왕도정치야말로 이 난세에 있어서 대(大)를 이루는 길임을 역설하니 공손축은 크게 감명받았다.

공손축은 맹자에게,

"선생님이 제나라의 대신이 되시어 도를 행하신다면 제는 천하의 주인이 되었을 것입니다. 그런 것을 생각하면 선생님도 역시 마음이 움직이시겠지요?"

하고 물으니,

"아니다. 나는 사십을 넘고부터는 마음이 움직이는 일이 없었다."

하니 공손축이 경탄했다. 이런 대업과 대임을 앞에 두고 마음이 조용할 수 있다면 옛날의 용자(勇者)로 이름이 높았던 맹분(孟賁) 이상이 아닌가. 그러나 맹자는 태연하게,

"마음을 움직이지 않는 것은 어렵지 않다. 저 고자(告子—맹자의 논쟁 상대로서 맹자의 성선설에 대해서 사람의 본성은 선도 악

도 아니라고 했다)조차도 나보다 먼저 마음을 움직이지 않게 되었다."

스승의 뜻밖의 말에 공손축은 다시 물었다.

"마음을 움직이지 않는 방법이란 것이 있사옵니까?"

"있다."

맹자는 이렇게 말하고, 마음을 움직이지 않는 용(勇)을 기르는 여러 가지 방법을 예로 들어가며 이야기했다.

용자(勇者) 북궁유(北宮)는 무엇이나 퉁겨 버리는 기개로써 용기를 길렀다. 또 같은 용자로 이름난 맹시사(孟施舍)는 두려워하지 않는 것을 최고로 쳤다. 또한 공자의 제자 증자(曾子)는 스승에게서 들은 '스스로 돌아보아 바르다면 천만인이라 할지라도 내가 가리라' 하는 말을 늘 명심하고 있었다. 자기 마음에 거리낌이 없다면 그 무엇도 겁내지 않는다는 것은 진실로 큰 용기요, 마음을 움직이지 않는 최상의 수단이다.

"그렇다면 고자의 부동심(不動心)과 선생님의 부동심 차이를 말씀해 주십시오."

"나는 말을 알고 있다(知言). 게다가 나는 호연지기(浩然之氣)를 기르고 있다."

'지언'이라 함은 한편에 치우친 말, 음란한 말, 사악한 말, 꾸며서 하는 말 등을 알아보는 밝음을 가지는 일이다. 그리고 '호연지기'란 평온하고 여유 있는 기(氣)를 말하는 것이지만, 맹자 자신도 정확히 설명하기 어렵다고 할 만큼 극히 광대하고 강건하며 바르고 소박한 것이다. 만약 이를 해치지 않고 기른다면 우주와 합일하는 경지로, 그 기는 의(義)와 도(道)에 일치되어 길러지고 이를 결(缺)하면 잃어버린다.

이것은 자기 자신 가운데 있는 올바름을 쌓아가서 생기는 것이요, 밖에서 얻을 수 없는 것이다. 또 자기가 만족할 수 있는 행실을 하지 않으면 이 기는 시들어 버리게 된다. 기를 기르는 마음가짐을 지니지 않으면 안 되지만, 턱없이 무리해도 안 된다.

우리는 예사로 호연지기를 기른다고 하지만, 그것은 좀처럼 쉽게 기를 수는 없는 것으로 공손축도 맹자에게,

"그럼, 선생님은 이미 성인(聖人)이십니까?"

하고 물어 맹자도 조심하게 했던 것이다. 〈맹자〉 '공손축편(公孫丑篇)'에 있는 얘기다.

처음은 있으나 끝은 없다

어떤 사람이 진나라 무제(武帝)에게 간곡히 말했다.

"대왕께서는 혹시 제나라와 초나라를 가볍게 보시고 한나라를 업신여기시지 않나 해서 걱정됩니다. 왕자(王者)의 군사는 이기고도 거만하지 않고, 패주(覇主)의 군사는 곤궁할 때도 성내지 않는다고 합니다. 이기고 거만하지 않아야 세상을 누를 수 있고, 곤궁해도 노하지 않아야 이웃 나라를 정복할 수 있는 것입니다. 지금 대왕께서는 위나라와 조나라를 얻은 것을 만족하게 여기시어, 제나라를 잃은 것을 아무렇지도 않게 생각하시니, 이것이 거만한 마음이 아니고 무엇이겠습니까? 그리고 의양(宜陽)에서 싸워 이겼다고 해서 초나라와 절교를 하신 것은 노여움이 아니겠습니까? 거만과 노여움은 천하를 경륜하는 마당에 있을 수 없는 일입니다. '처음은 누구나 있어도 끝이 있는 이는 드물다'라는 말이 있습니다. 선왕은 처음과 끝을 똑같이 소중히 여겼기 때문에 성공하신 것입니다. 그와 반대로 처음은 잘하다가 끝을 잘 맺지 못한 보기도 많이 있습니다. 대왕께서 천하 통일의 큰 사업을 착실히 밀고 나아가셔서 끝을 잘 맺으신다면 은나라 탕왕과 주나라의 문왕, 무왕과 더불어 대왕의 이름도 역사에서 칭송을 받으시게 될 것입니다. 춘추오패에 대왕을 더하여 육패가 될 수도 있을 것입니다.

그러나 대왕께서 끝을 잘 여물리지 못하시면 세상에서는 대왕을 오나라의 부차나 지백과 같이 보게 될지도 모릅니다. 〈시경〉에도 '100리를 가는 사람은 90리를 반으로 친다'라고 했습니다. 이것은 끝을 마무리하는 일이 얼마나 어려운 일인가를 말하는 것입니다. 지금 대왕께서 거만한 빛과 노여운 빛이 보입니다. 천하의 온갖 일들이 하나같이 대왕의 마음에 달려 있습니다. 초나라를 공격하지 않으시면 진나라가 도리어 초나라의 공격을 받게 될 것입니다. 지금 진나라는 위나라를 도우면서 초나라의 공격을 막고, 초나라는 한나라와 진나라에 맞서고 있습니다. 이 네 나라의 군사는 그 힘이 비슷비슷해서 서로 팽팽히 당기고 있는 것입니다. 제나라와 송나라는 이 틈바구니에 끼지 않고 밖에서 은연히 기회를 엿보고 있습니다. 따라서 누구고 제나라와 송나라의 원조를 받는 나라가 먼저 군사를 일으키게 될 것입니다. 만약 진나라가 이 두 나라의 원조를 받는다면, 우선 한나라를 쳐부수게 될 것이며, 그렇게 되면 초나라는 외톨이가 되고 말 것입니다. 그러나 그와 반대로 초나라가 원조를 받는다면 진나라가 외톨이가 되고 말 것입니다. 참으로 위급한 때이올시다. 거만한 마음이나, 노여운 생각을 가질 때가 아닙니다."

세상의 온갖 일이 처음은 쉽고 끝은 어렵다. 그래서 처음은 있으나 끝이 없다고 하는 것이다. 용두사미라는 말도 같은 뜻이다. 100리를 가는 사람이 90리를 반으로 쳐야 한다는 것은, 나머지 10리 길이 지나온 90리 길과 맞먹을 정도로 어렵기 때문이다. 〈전국책〉에 나오는 얘기다.

웅덩이를 채우지 않으면
물은 흐르지 않는다

류수지위물야 불영과 불행
流水之爲物也 不盈科 不行

흐르는 물은 웅덩이를 채우지 않고는 절대 흐르지 않는다.

〈맹자〉 '진심' 편에 있는 말이다. 물 가운데 가장 큰 것은 바다요, 산 가운데 높은 산은 태산이라고 한다. 그리고 사람 가운데 가장 위대한 사람은 성인(聖人)이다.

일찍이 공자는 동산(東山)에 오르고 나서야 노(魯)나라를 작다고 하였고, 태산에 오르고 나서야 천하가 이렇게 작은 줄을 알았다고 하였다. 그러므로 바다에 가 본 사람과 이야기할 때는 함부로 물에 관한 이야기를 할 수 없고, 성인에게 공부한 사람들은 함부로 입을 놀려 말하기를 어려워한다.

물을 보는 데는 그 방법이 있다. 반드시 그 물결을 보아야 하는 것이다. 해와 달은 아무리 작은 구멍이라도 끝까지 좇아가 비추고야 만다. 그래서 밝다고 하기도 한다. 물 역시 마찬가지다. 물의 성질은 어디까지나 위에서 아래로 흘러내리는 것, 위로 거슬러 갈

수가 없는 것이다. 흐르다 중간에 웅덩이가 있으면 그 웅덩이를 메우고 난 뒤에야 흐르게 되는 것이다. 그러므로 학문과 예절과 덕행 등을 두루 갖추어야만 제대로 된 사람이라는 소리를 듣게 되는 것이다.

너무 고상하면
비방이 일어나 욕이 된다

작위불의태성 태성즉위
爵位不宜太盛 太盛則危
능사불의진필 진필즉쇠
能事不宜盡畢 盡畢則衰
행의불의과고 과고즉방흥이훼래
行誼不宜過高 過高則謗興而毁來

벼슬자리는 마땅히 너무 높지 말아야 할 것이니 너무 높으면 위태로우며, 능한 일은 마땅히 그 힘을 다 쓰지 말아야 할 것이니 힘을 다쓰면 쇠퇴해지며, 행실은 마땅히 너무 고상하지 말아야 할 것이니 너무 고상하면 비방이 일어나 욕이 된다.

〈채근담〉에 있는 얘기다. 언제 어떤 위치에 있든 한쪽으로 치우치지 말고 위아래와 조우를 살피면서 중용을 지키라는 말이다. 〈주역〉에 '항룡유회(亢龍有悔)'란 말이 있다. 올라갈 대로 올라간 용은 후회만 있을 뿐이라는 뜻이다.

또, '달도 차면 기운다'라는 말이 있다. '덥다, 덥다' 하며 아무리

덥다고 해도 언젠가는 반드시 시원한 가을이 오게 마련이고 곧이어 추운 겨울이 다가온다. 또 아무리 춥다고 소리쳐 봐도 결국에 가서는 따뜻한 봄이 다가오기 마련이다. 그것이 다시 또 여름이 오고 가을이 오고. 이리하여 일 년은 돌고 돌아 세월은 지나간다. 이것이 하늘의 법칙이다. 그리고 달은 점차로 차서 보름달이 되고 다시 기울어져 이지러지게 된다. 어느덧 보름달인가 하면 어느새 이지러지기 시작한다. 이것 또한 하늘의 법칙이다.

인간의 사회를 지배하는 법칙도 이와 크게 다를 수 없다. 점차로 올라가는가 하면 언젠가는 땅에 떨어지는 현상이 벌어진다. 그러나 하늘 높이 올라간 사람에게는 내려올 길밖에 다른 길이 없다. 반면 땅에 떨어진 사람에게는 더 이상 떨어질 곳이 없어서 이제는 하늘을 향해 올라갈 길밖에 없다.

꼭대기에 올라갔을 때 교만하지 않고 진중하게 처세해야 하고, 땅에 떨어졌다고 해서 초조하거나 허둥대지 말고 힘을 기르면서 다음의 재기를 기약한다면 이는 하늘의 법칙을 충실히 따르는 것이다.

성찰

무우불여기자(無友不如己者)

과즉문탄개(過則勿憚改)

각골면려(刻骨勉慮)

비육지탄(肥肉之嘆)

앙불괴어천 부부작어인

仰不愧於天 俯不炸於人

인각유재 재각유대소

人各有才 才各有大小

곡학아세(曲學阿世)

자왈 도청이도설 덕지기야

子曰 道聽而塗說 德之棄也

특립독행(特立獨行)

괴력난신(怪力亂神)

과유불급(過猶不及)

다기망양(多岐亡羊)

붕정만리(鵬程萬里)

일단사일표음(一簞食一瓢飲)

호연지기(浩然之氣)

류수지위물야 불영과 불행

流水之爲物也 不盈科 不行

부록

참고문헌
고사성어
알아두기

【 참고문헌 】

개원천보유사(開元天寶遺事)

　5대(代) 왕인유(王仁裕)가 편찬한 4권의 책인데, 당(唐) 현종(玄宗) 황제의 유사(遺事)를 기록한 것이다.

공자가어(孔子家語)

　공자의 언행(言行), 제자와의 문답(問答)한 이야기를 모아 만든 책으로, 지은이는 미상이며, 전 10권으로 되어 있음.

국어(國語)

　춘추시대 노(魯)의 좌구명(左丘明)이 각 제후국의 사실(史實)을 편찬한 책.

남사(南史)

　당(唐)의 이연수(李延壽)가 지은 24사(史)의 하나. 남북조(南北朝)의 남조(南朝) 송(宋), 제(齊), 양(梁), 진(秦)의 사서(史書). 80권.

남제서(南齊書)

　양(梁)의 소자현(蕭子顯)이 지은 24사(史)의 하나. 남북조의 남제사서(南齊史書). 59권.

노자(老子)

　춘추시대 노자가 지은 도가(道家) 사상의 도덕경(道德經). 2권.

논어

노(魯)의 공자와 그 제자와의 언행(言行)을 그 제자들이 기록한 것으로, 사서의 하나이며, 전 20권.

당서(唐書)

신(新), 구(舊) 두 가지가 있는데, 구당서(舊唐書)는 후진(後晉)의 유구(劉暄)가 편찬하였고, 신당서(新唐書)는 송(宋)의 구양수(歐陽修), 송기(宋祁)가 편찬한 것으로, 당대(唐代)의 정사(正史).

당시선(唐詩選)

당대(唐代) 시인(詩人) 127인(人)의 시선집(詩選集).

대학(大學)

예기(禮記) 중의 1편(篇). 송(宋) 이후 사서의 하나로, 증삼(曾參)이 지음. 전 1권.

맹자

맹자의 제자들이 맹자의 언행을 모아 기록한 책으로, 7서(書)의 하나.

묵자(墨子)

춘추시대 묵자가 지음. 겸애설(兼愛說)과 비전론(非戰論)을 주장하였음. 15권.

문선(文選)

양(梁)의 소통(소명태자)이 진한(秦漢) 이후 양대(梁代)까지의 훌륭한 시문(詩文)을 모은 책으로, 전 30권.

사기(史記)

전한(前漢) 무제(武帝) 때 사관(史官) 사마천(司馬遷)이 지은 태고(太古)로부터 무제(武帝) 때까지의 역사를 쓴 중국 최초의 통사(通史). 24사(史)의 하나.

삼국지(三國志)

진(晋)의 진도(陳濤)가 지은 삼국시대 역사책으로, 24사(史)의 하나이며, 전 65권.

삼략(三略)

3권으로 된 병서(兵書). 한(漢)의 장량(張良)이 황석공(黃石公)에게서 받았다고 함. 병법(兵法) 7서(書)의 하나로, 주(周)의 태공망(太公望)이 편찬하였음.

서경(書經)

요순(堯舜) 때로부터 주대(周代)까지의 정교(政敎)에 관한 것을 공자가 수집 편찬한 중국 최고(最古)의 경전(經典)으로, 오경(五經)이며, 20권으로 되어 있음.

설원(說苑)

후한(後漢)의 유향(劉向)이 지은 춘추시대부터 한초(漢初)까지의 제가(諸家)의 전기(傳記), 일사(逸事) 등을 모은 것으로, 20권.

세설신화(世說新話)

남송(南宋)의 유의경(劉義卿)이 지은 후한(後漢)에서 동진(東晋)까지의 귀족(貴族) 문인(文人)들의 언행(言行), 일화집(逸話集)으로, 3권으로 되어 있음.

손자(孫子)

제(齊)의 손무(孫武)가 지은 병서(兵書).

송사(宋史)

원(元)의 구양현(歐陽玄) 등이 칙명(勅命)에 의하여 편찬한 송조사(宋朝史). 24사(史)의 하나이며, 496권.

송서(宋書)

양(梁)의 심약(沈約)이 지은 남북조(南北朝) 송(宋)의 정사(正史). 24사

(史)의 하나. 100권.

수서(隋書)

당(唐)의 위증(魏徵)이 태종(太宗)의 칙명(勅命)에 의하여 지은 수(隋) 정사(正史)로, 24사(史)의 하나. 85권.

수호지(水滸誌)

원(元)의 시내암(施耐庵)이 지은 장편소설로, 사대기서(四大奇書)의 하나.

순자(荀子)

전국시대 유가(儒家) 순황(荀況 또는 荀卿)이 성악설(性惡說)을 전개한 책으로, 20권으로 되어 있음.

시경(詩經)

주조(周朝)의 시집(詩集). 편찬한 자는 미상(未詳) 오경(五經)의 하나.

십팔사략(十八史略)

원(元)의 증선지(曾先之)가 17사(史)에 송사(宋史)를 첨가하여 만든 초학자용(初學者用)의 사서(史書).

안씨가훈(顔氏家訓)

북제(北齊) 안지추(顔之推)가 지은 2권으로 된 책인데, 입신치가(立身治家)의 법을 말하고, 시속(時俗)의 잘못을 변정(辨正)하여 자손을 훈계한 내용.

안씨춘추(晏氏春秋)

춘추시대 말기 제(齊)의 대부(大夫) 안영의 유사(遺事)를 쓴 8권으로 된 책인데, 편찬자는 미상.

여씨춘추(呂氏春秋)

진(秦)의 여불위(呂不韋)가 학자들을 시켜 편찬한 선진(先秦) 시대의 사상을 망라한 일종의 백과전서. 26권.

역경(易經) 일

명 주역(周易). 오경(經)의 하나. 복서(卜筮)의 이치에 의하여 윤리와 도덕을 설명한 책. 2권.

열자(列子)

주(周)의 열어구(列禦寇)가 지은 〈노자〉, 〈장자〉와 함께 도가(道家) 전적(田籍)의 하나로, 8권.

예기(禮記)

주대(周代)의 예(禮)에 관한 경서. 오경(經)의 하나. 한대(漢代) 유자(儒者)가 편찬하였음.

육도(六韜)

주(周)의 태공망(太公望)이 지은 병법(兵法). 7서(書)의 하나.

장자(莊子)

전국시대 장주(莊周)가 편찬한 〈노자〉, 〈열자〉 등의 도가 사상 전파의 대표 서적.

전국책(戰國策)

후한(後漢)의 유향(劉向)이 지은 책으로, 33권. 주(周)의 원왕(元王)으로부터 진시황(秦始皇)까지의 전국시대의 유사(遊士)가 제국(諸國)을 유세(遊說)한 책략을 나라별로 쓴 책.

주서(周書)

당(唐) 영구덕분(令狗德棻)이 지은 남북조(南北朝)와 북주(北周)의 사서(史書). 24사(史)의 하나.

한비자(韓非子)

전국시대(戰國時代) 한비(韓非)가 지은 당대 법가(法家)의 학을 대표

할 만한 책으로, 20권으로 되어 있음.

한서(漢書)

후한(後漢)의 유향(劉向)이 지은 전한사(前漢史)로, 24사(史)의 하나이며, 120권.

후한서(後漢書)

남조(南朝) 송(宋)의 범엽(范曄)이 지은 후한사(後漢史)로, 24사(史)의 하나이며, 120권임.

【 고사성어 】

간성지재(干城之材);

　나라를 지킬만한 믿음직한 재주.

간세지재(間世之材);

　여러 세대를 통하여 드물게 있는 인재. 매우 뛰어난 인물.

개과천선(改過遷善);

　나쁜 일을 바르게 고쳐서 착하게 됨.

개세지재(蓋世之才);

　온 세상을 뒤덮을 만큼 뛰어난 재능 또는 그런 인물.

격물치지(格物致知);

　사물의 본질이나 이치를 연구하여 지식을 닦음.

견리사의(見利思義);

　이로운 점을 보거든 의로운 일인가 아닌가 따져 보라는 말.

견문발검(見蚊拔劍);

　모기보고 칼을 뺀다는 말이니, 대단치 않은 일에 쓸데없이 크게 노함
　을 이르는 말. = 노승발검(怒蠅拔劍).

곡학아세(曲學阿世);

　자기가 믿는 학문을 굽혀 세속에 아부함.

공전절후(空前絶後);

비교할 만한 것이 이전에도 이후에도 없을 만큼 뛰어남.

과문천식(寡聞淺識);

견문이 적고 학식이 얕음.

관규(管窺);

대롱 속을 통하여 물건을 본다는 것으로 견식이 좁음을 이르는 말.

괄목상대(刮目相對);

눈을 비비고 다시 본다는 말로 남의 학식이나 재주가 갑자기 느는 것을 놀랍게 보아 인식을 새롭게 함을 이른다.

교주고슬(膠柱鼓瑟);

비파나 거문고 기둥을 아교로 붙인다는 뜻으로 조금도 융통성이 없음을 이르는 말.

교학상장(敎學相長);

남을 가르치는 일과 스승에게 배우는 일은 다 함께 자기의 학업을 증진함.

구이지학(口耳之學);

귀로들은 바를 이내 입으로 지껄이는 천박한 학문. 자신을 이롭게 하지 못하는 학문.

군계일학(群鷄一鶴);

변변하지 못한 여러 사람 중에서 홀로 뛰어난 사람. 발군(拔群), 출중(出衆), 절륜(絶倫).

군맹무상(群盲撫象);

여러 맹인이 코끼리를 더듬는다는 이야기에서 나온 말로. 자기의 좁은 소견과 주관으로 사물을 잘못 판단한다는 뜻.

권독종일(券讀終日);

종일 책을 읽음

극기복례(克己復禮);

자기 욕심을 누르고 예의범절을 따름.

근근자자(勤勤孜孜);

매우 부지런하고 정성스러움.

기린아(麒麟兒);

슬기와 재주가 남달리 뛰어난 젊은이.

낙양지귀(洛陽紙貴);

글이 많이 읽히거나 책의 부수가 많이 나감. 옛날 중국 진(晉)나라 좌사(左思)가 삼도부(三都賦)를 지었을 때 낙양(洛陽) 사람들이 다투어서 그 글을 필사하느라 낙양의 종잇값이 비싸졌다는 이야기.

낭중지추(囊中之錐);

주머니 속에 든 송곳과 같이 재주가 뛰어난 사람은 숨어 있어도 저절로 사람들이 알게 된다는 뜻

다기망양(多岐亡羊);

학문의 길이 다방면이어서 진리를 깨치기가 어렵다는 말. = 망양지탄(亡羊之歎)

단기지계(斷機之戒);

학문을 중도에 그만두는 것은 짜던 베를 끊는 것과 같다는 맹모의 교훈. = 단기지교(斷機之敎), 맹모단기(孟母斷機)

당구삼년폐풍월(當狗三年吠風月);

서당개 삼 년에 풍월한다는 말로 무식한 사람도 유식한 사람과 같이 오래 지내면 자연히 견문이 생긴다는 뜻. 또는, 오랫동안 보고 듣고 하면 자연히 그 일을 할 줄 알게 된다는 말. = 당구풍월(堂狗風月)

대기만성(大器晩成);

큰 그릇은 더디 완성된다, 즉 크게 될 인물은 오랜 공적을 쌓아 늦게서
야 이루어진다는 말.

대의명분(大義名分);

사람으로서 지켜야 할 도리나 본분.

독서백편의자현(讀書百篇義自見);

책을 백 번 읽으면 그 뜻을 절로 깨우치게 된다는 뜻.

독서삼도(讀書三到);

독서의 세 가지 방법. 즉, 마음속으로 읽는 심도(心到), 눈으로 읽는 안
도(眼到) 입으로 소리를 내어 읽는 구도(口到). 글을 읽어서 그 참뜻
을 이해하려면 마음과 눈과 입을 오로지 글 읽기에 집중하여야 한다는
말.

독서삼매(讀書三昧);

오직 책 읽기에만 골몰한 경지

독서삼여(讀書三餘);

독서하기에 적합한 세 가지 여유. 즉, 겨울과 밤과 비.

독서상우(讀書尙友);

책을 읽으면 옛사람과도 벗이 되어 함께 놀 수 있다는 말.

동량지재(棟樑之材);

기둥과 대들보가 될 만한 재주. 훌륭한 인재를 뜻함.

등용문(登龍門);

입신출세를 위한 어려운 관문이나 시험을 비유적으로 이르는 말.

등화가친(燈火可親);

가을은 서늘하여 등불을 밝히고 공부하기에 알맞을 때라는 뜻.

마부위침(磨斧爲針);

도끼를 갈아 바늘을 만든다는 말로 꾸준히 노력함을 뜻하는 말.

마이동풍(馬耳東風);

남의 의견이나 충고의 말을 귀담아듣지 않고 흘려버림, 또는 어리석고 둔하여 남의 말을 알아듣지 못하고 사리를 깨쳐 알지 못함.

만단개유(萬端改諭);

만 가지로 깨닫게 가르침.

만시지탄(晚時之歎);

때가 뒤늦었음을 원통해하는 탄식

망양보뢰(亡羊補牢);

평소에 대비가 없었다가 실패한 다음에 뒤늦게 깨달아 대비함. 또는 이미 일을 그르친 뒤에는 뉘우쳐도 소용없다는 말.

망양지탄(亡羊之歎);

학문의 갈래가 많아 바른길을 잡기가 어렵다는 말.

망운지정(望雲之情);

타향에서 어버이를 그리워함.

맥수지탄(麥秀之嘆);

폐허의 도읍지에 자란 보리를 보고 한탄했다는 뜻에서 멸망한 고국에 대한 한탄. = 망국지탄(亡國之歎) 망국지한(亡國之恨)

맹모삼천지교(孟母三遷之敎);

맹자의 어머니가 아들의 교육을 위하여 세 번 거처를 옮겼다는 고사로, 주변 환경이 교육에 있어 큰 구실을 함을 뜻하는 말.

멸사봉공(滅私奉公);

사심을 버리고 나라나 공공을 위하여 힘써 일함.

목불식정(目不識丁);

　정(丁)자도 알지 못함. 글자를 전혀 모르는 무식한 사람. = 일자무식(一字無識) 어로불변(魚魯不辨)

무지몽매(無知蒙昧);

　아는 것이 없고 사리에 어두움.

문방사우(文房四友);

　서재에 꼭 있어야 할 네 가지 벗. 즉, 종이 붓 먹 벼루.

문일지십(聞一知十);

　하나를 들으면 열을 알 정도로 총명함.

박람강기(博覽强記);

　널리 여러 가지 책을 많이 읽어서 잘 기억함. = 박문강기(博聞强記); 널리 사물을 보고 듣고 이를 잘 기억함.

박문약례(博文約禮);

　학문을 널리 닦고 예로써 그 배운 바를 요약함.

박물군자(博物君子);

　모든 사물에 능통한 사람.

박이부정(博而不精);

　많은 것을 알고 있으나 정밀하지 못함을 이르는 말.

박학다문(博學多聞);

　학식과 견문이 매우 넓음 = 박학다식(博學多識); 학문이 넓고 식견이 많음.

반의지희(斑衣之戲);

　초(楚)나라의 노래자(老萊子)라는 사람이 칠십(七十)에 색동옷을 입고 어린애 같은 재롱을 피우며 늙으신 부모님을 기쁘게 해드린 데서 유래

한 말. 노래자는 중국의 24 효자 중의 한 사람이다. = 반의지희(斑衣之
戱)

반포지효(反哺之孝);

자식이 자라서 어버이가 길러 준 은혜에 보답하는 것. 자오반포(慈烏
反哺)에서 온 말.

발분망식(發憤忘食);

무슨 일을 이루려고 마음을 굳게 먹고 끼니마저 잊고 노력함.

백가쟁명(百家爭鳴);

많은 학자나 논객이 자유로이 논쟁하는 일.

백미(白眉);

여럿 가운데서 가장 뛰어남.

분골쇄신(粉骨碎身);

뼈가 가루가 되고 몸이 부서지도록 노력함.

불철주야(不撤晝夜);

밤낮을 가리지 않음.

불치하문(不恥下問);

자기보다 못한 아랫사람에게 묻는 것을 부끄럽게 여기지 아니함.

비육지탄(肉之嘆);

능력을 발휘하여 보람 있는 일을 하지 못하고 헛되이 세월만 보내는
것을 한탄함.

사가독서(賜暇讀書);

유능한 젊은 문신들을 뽑아 휴가를 주어 독서당에서 공부하게 하던
일.

사생취의(捨生取義);

목숨을 버리고 의를 취함. 의리를 위해서 생명을 돌보지 않음

사석위호(射石爲虎);

　성심을 다하면 아니 될 일도 이룰 수 있다는 것. 돌을 호랑이인 줄 알고 쏘았더니 화살이 꽂혔다는 말에서 유래.

사필귀정(事必歸正);

　모든 잘잘못은 반드시 바른길로 돌아감

살신성인(殺身成仁);

　옳은 일을 위하여 자기 몸을 희생함.

삼고초려(三顧草廬);

　인재를 얻기 위해 끈기 있게 노력함. 유비가 공명을 얻기 위해 세 번 찾아간 고사.

삼성오신(三省吾身);

　매일 내 몸을 세 번 반성함.

상아탑(象牙塔);

　예술지상주의자들이 세속을 떠나 오직 미의 세계에 도취하는 경지를 이르는 말. 또는 학자가 현실적 사회에서 도피하여 관념적 연구 생활에 몰두함을 이르는 말. 대학 또는 대학의 연구실.

상재(上梓);

　책을 인쇄하는 것.

서자서아자아(書自書我自我);

　'글은 글대로 나는 나대로'라는 말이니, 곧 글은 읽되 정신은 딴 데 쓴다는 말

서제막급(臍莫及);

　사향노루가 자기 배꼽 때문에 잡힌 줄 알고 배꼽을 물어뜯지만 이미

늦었다는 뜻으로 후회해도 소용없다는 말.

서중자유천종속(書中自有千種粟);

학문을 많이 연구하면 큰 재물이 생긴다는 말. 즉 독서의 실용성을 통해 독서를 권장하는 말. = 서중자유천종록(書中自有千種祿)

선공후사(先公後私);

사사로운 일이나 이익보다 공적인 이익을 앞세운다는 말.

선우후락(先憂後樂);

근심되는 일은 남보다 앞서 근심하고 즐길 일은 남보다 나중에 즐긴다는 뜻으로 나라를 위한 충신의 깊은 마음을 이르는 말.

선자옥질(仙姿玉質);

용모가 아름답고 재질도 뛰어남.

소의간식(宵衣 食);

해 뜨기 전에 옷을 입고 날이 진 뒤에 먹는다는 말로 주로 임금이 정사에 부지런함을 이름.

수구초심(首邱初心);

여우가 죽을 때 머리를 자기가 살던 굴 쪽으로 둔다는 데서 나오는 말로 고향을 그리워하는 마음을 뜻함. = 호사수구(狐死首丘)

수불석권(手不釋卷);

손에선 책을 놓지 않는다는 말로 늘 공부하는 사람을 가리킴.

숙독상미(熟讀詳味);

자세히 읽고 음미함.

숙흥야매(夙興夜寐);

밤낮으로 열심히 일함. 아침 일찍 일어나고 저녁 늦게 잔다는 뜻.

시종여일(始終如一);

처음이나 나중이 한결같아서 변함없음

시종일관(始終一貫);

처음부터 끝까지 똑같은 방침이나 태도로 나감.

식자우환(識字憂患);

글을 아는 것이 도리어 근심을 사게 된다는 말.

신체발부수지부모(身體髮膚受之父母);

신체의 모든 것은 부모로부터 받은 것이니 건강이 효도의 으뜸이라는 말.

십벌지목(十伐之木);

열 번 찍어 안 넘어가는 나무 없다는 말로 아무리 심지가 곧은 사람도 여러 번 말하면 결국은 마음을 돌려 따르게 된다는 뜻.

역자이교지(易子而敎之);

남의 자식을 내가 가르치고, 내 자식은 남에게 부탁하여 가르치게 하는 일. 자기 자식을 가르치기가 어려움을 이르는 말.

연마장양(鍊磨長養);

갈고 닦으며 오랜 세월 동안 준비함.

온고지신(溫故知新);

옛것을 익히거나 이미 익힌 것을 고쳐 익혀 새 도리를 발견함.

와신상담(臥薪嘗膽);

원수를 갚으려고 온갖 괴로움을 참으면서 기다림.

우공이산(愚公移山);

어떤 일이든지 끊임없이 노력하면 마침내 성공함.

우이독경(牛耳讀經);

쇠귀에 경(經) 읽기. 즉, 어리석은 사람은 아무리 가르쳐도 알아듣지

못하므로 소용이 없다는 말. = 우이송경(牛耳誦經)

위편삼절(韋編三絶);

공자가 〈주역〉을 너무 여러 번 읽어 책을 맸던 가죽끈이 세 번 끊어졌다는 고사에서 유래한 말로 학문과 독서에 힘쓴다는 뜻.

의문지망(依門之望) :

문에 기대어 바란다는 말로 부모가 자녀의 돌아오기를 몹시 기다림을 뜻하는 말. = 의려지망(倚閭之望)

일신(日新);

날마다 새로움.

일이관지(一以貫之);

하나의 이치로써 모든 일을 꿰뚫음.

일일부독서 구중생형극(一日不讀書 口中生荊棘);

하루 책을 읽지 않으면 입속에 가시가 돋친다는 뜻으로, 하루라도 독서하지 아니하면 수양이 되지 않아 좋지 않은 말을 하게 된다는 말

일취월장(日就月將);

날로달로 자라거나 발전함. = 일장월취(日將月就)

자강불식(自彊不息);

스스로 노력하여 쉬지 아니함.

자격지심(自激之心);

자기가 한 일에 대하여 스스로 미흡한 생각을 가짐.

자아성찰(自我省察);

자기의 마음을 반성하여 살핌.

자초지종(自初至終);

처음부터 끝까지.

자화자찬(自畵自讚);

  자기 그림을 스스로 칭찬함. 자기가 한 일을 스스로 칭찬함.

재자가인(才子佳人);

  재주 있는 남자와 아름다운 여자.

절차탁마(切嗟琢磨);

  학문이나 덕행을 연마하여 식견을 높이는 것.

정저지와(井底之蛙);

  우물 안의 개구리, 견문이 좁음을 이르는 말.

좌정관천(坐井觀天);

  우물 안에서 하늘 보기. 견해가 좁음을 이르는 말.

주경야독(晝耕夜讀);

  낮에는 농사짓고 밤에는 글을 읽음. 바쁜 틈을 타서 어렵게 공부함.

주도면밀(周到綿密);

  자세하여 빈틈이 없음.

지성감천(至誠感天);

  지극한 정성에 하늘이 감동함.

진선진미(盡善盡美);

  더할 수 없이 착하고 아름다움. 완전무결.

진인사대천명(盡人事待天命);

  노력을 다한 후에 하늘의 뜻을 기다림.

철중쟁쟁(鐵中錚錚);

  동류 가운데에서 가장 뛰어난 이를 가리키는 말.

청렴결백(淸廉潔白);

  마음이 깨끗하고 바름. 사리에 기울지 않고 욕심을 내지 않는 깨끗한 마음.

청출어람(青出於藍);

푸른색은 쪽에서 났지만, 쪽보다 더 푸름. 즉, 제자가 스승보다 더 훌륭한 경우를 이르는 말.

초지일관(初志一貫);

처음 세운 뜻을 이루려고 끝까지 밀고 나감.

추로지향(鄒魯之鄉);

공자와 맹자의 학문 또는 예의가 바르고 학문이 왕성한 고장.

춘추필법(春秋筆法);

오경의 하나인 〈춘추(春秋)〉와 같이 비판의 태도가 엄정함을 이르는 말, 대의명분을 밝히어 세우는 사필(史筆)을 뜻함.

칠보지재(七步之才);

매우 뛰어난 글재주. 삼국시대 위나라 조식이 일곱 걸음 걷는 동안에 시를 지었다는 고사에서 유래한 말.

칠전팔기(七顚八起);

일곱 번 넘어지고 여덟 번 일어남. 여러 번 실패에도 굽히지 않고 분투함. = 불요불굴(不撓不屈)

탐주지어(貪舟之魚);

배를 삼킬 만한 큰 고기. 큰 인물.

태산북두(泰山泰斗);

태산(泰山)과 북두(北斗). 많은 사람의 숭배와 존경을 받는 사람. = 태두(泰斗); 태산과 북두성. 모든 사람이 존경하는 뛰어난 인물

팔방미인(八方美人);

여러 방면의 일에 능통한 사람.

풍수지탄(風樹之嘆);

　부모가 일찍 돌아가셔서 효도할 기회가 없음을 한탄함.

하학상달(下學上達);

　쉬운 것부터 배워 깊은 이치를 깨달음.

한우충동(汗牛充棟);

　수레에 끌리면 마소가 땀을 흘리고, 쌓아 올리면 들보에 닿을 만하다
는 뜻으로 책이 많음을 비유하여 이르는 말.

현두자고(懸頭刺股);

　상투를 천장에 달아매고 송곳으로 허벅다리를 찔러 잠을 깨운다는 말
로 학문에 맹진함을 뜻함.

형설지공(螢雪之功);

　고생을 이기고 공부하여 성공함. 진나라 차윤과 손강이 반딧불과 눈의
빛으로 책을 읽었다는 고사에서 유래한 말. = 형창설안(螢窓雪案)

혼정신성(昏定晨省);

　저녁에 이부자리를 보고 아침에 자리를 돌아본다. 즉, 자식이 아침저
녁으로 부모의 안부를 물어서 살피는 것. = 정성(定省)

환골탈태(換骨奪胎);

　남의 글을 교묘하게 모방하였으면서도 그 규모를 달리한 것. 또는 외
양이 이전보다 훨씬 더 아름다워진 것.

환부작신(換腐作新);

　낡은 것을 바꾸어서 새로운 것으로 만듦.

후생가외(後生可畏);

　후배는 나이가 젊고 의기가 장하므로 학문을 계속 쌓고 덕을 닦아 가
면 그 진보는 선배를 능가하는 경지에 이를 것이라는 말.

【 알아두기 】

문방사우(文房四友); 서재에 갖추어야 할 네 가지 벗

지(紙) ∥ 필(筆) ∥ 묵(墨) ∥ 연(硯), 곧 종이 붓 먹 벼루의 네 가지를 아울러 이르는 말.

삼불행(三不幸); 맹자가 말하는 세 가지 불행

축재(蓄財)에 전념하는 것
자기 처자만 사랑하는 것
부모에게 불효하는 것

삼불혹(三不惑); 군자가 빠져들지 말아야 할 것 세 가지

술
여자
재물

삼불효(三不孝); 세 가지 불효

부모를 불의(不義)에 빠지게 하는 것

가난 속에 버려두는 것

자식이 없어 제사가 끊어지게 하는 것

삼불후(三不朽); 세 가지 썩어 없어지지 않는 것

쌓은 덕(德) ∥ 이룬 공(功) ∥ 교훈이 되는 훌륭한 말

신언서판(身言書判); 중국 당나라 때 관리를 등용하는 시험에서 평가 기준으로 삼았던 네 가지 항목

몸(→체모; 體貌)

말씨(→언변; 言辯)

글씨(→서적; 筆跡)

판단(→문리; 文理)

사군자(四君子); 군자의 품성을 닮은 네 가지 식물

매화

난초

국화

대나무

오상(五常); 사람이 지켜야 할 다섯 가지 행실

인(仁)
의(義)
예(禮)
지(智)
신(信)

오우(五友); 절개를 표상하여 선비가 벗으로 삼았던 다섯 가지 식물

매화
난초
국화
대나무
연꽃

오청(五淸); 선비들이 즐겨 그린 다섯 가지의 깨끗한 사물

소나무
대나무
매화
난초
돌

카페에서 읽는 동양철학

—

초판 1쇄 발행   2024년 5월 24일

지 은 이   리소정
펴 낸 이   김채민

펴 낸 곳   힘찬북스
출판등록   제410-2017-000143호
주   소   서울특별시 마포구 망원로 94, 301호
전화번호   02-2272-2554   **팩스번호** 02-2272-2555
전자우편   hcbooks17@naver.com

—

—

ISBN 979-11-90227-39-1 03150

—